恋するフランス語

酒巻洋子

SANSHUSHA

SOMMAIRE

PARTIE 1 出会い 006

何はともあれ、この一言から 「こんにちは」 007
これを聞かないと始まらない 「名前は何?」 008
相手に聞き返すなら 「あなたは?」 012
やっぱり聞かれるのは 「どこの出身?」 014
聞いておくと安心 「仕事は何?」 018
聞くタイミングを見計らって 「年はいくつ?」 022
一番聞きたいこと言ったら 「独身?」 026
話作りに一役 「どこに住んでいるの?」 028
より親しくなるために 「tuで話す?」 032

PARTIE 2 偶然の出会い 034

ナンパの手口でも 「会ったことあるよね?」 035
話のきっかけはこの言葉 「元気?」 038
話を続けるために 「どこに行くの?」 040
誘いの決まり文句 「お茶しない?」 044
待っていました、この言葉 「また会える?」 048
次のステップに進むために 「連絡先教えて」 050

PARTIE 3 初めての連絡 054

さあ、連絡が来た! 「もしもし」 055
会わないと始まらない 「デートしよう」 058
約束の日にちは 「いつ?」 062
約束の場所は 「どこ?」 068
約束の時間は 「何時?」 073
一番手っ取り早い方法 「メールで連絡する」 078

PARTIE 4 初めてのデート 084

いざ、デートの当日! 「待った?」 085
友達同士のあいさつとして 「ビズする?」 090
まずは無難な話題で 「天気がいいね!」 092
共通点を見つけよう 「好きなものは?」 096
やっぱり知っておきたい 「誕生日はいつ?」 100
家族構成も気になるところ 「兄妹はいる?」 104
親のことも気になるところ 「実家はどこ?」 106
初デートがうまくいったら 「また会いたいね」 110

PARTIE **5**　初めてのキス　114

忘れられない日になるかも 「家に来る？」　115
運命の時がやってきた！ 「君に恋している」　121
告白の次はもちろん 「キスしていい？」　126

PARTIE **6**　初めてのケンカ　130

口論の始まりといえば 「怒っている？」　131
怒っている理由は 「だって！」　132
売り言葉に買い言葉 「うんざりだ！」　134
最後の一言を投げかける？ 「別れましょ」　136
言いすぎたと思ったら 「ごめんね」　138
相手の言い分も分かったら 「許してあげる」　140

PARTIE **7**　カップルの暮らし　142

どんな愛称で呼ぶ？ 「モナムール」　143
親に会わせるのは当たり前 「実家に行こう」　146
恋人として紹介された！ 「はじめまして」　148
恋人同士のおつきあい 「友達を家に呼ぼう」　150
みんなが気になるところ 「どうして好きなの？」　154
恋を長引かせるために 「愛をささやく」　156

フランス語の名詞には状況に応じて定冠詞、不定冠詞、部分冠詞がつきます。単語に冠詞がついていない場合は、男性名詞に(m.)、女性名詞に(f.)を明記しています。本文中、青い文字は男性、赤い文字は女性のセリフを表していますが、例文の一部をそれぞれ女性形や男性形に直せば、どちらでも使うことができます。

	男性単数	女性単数	男女複数
定冠詞	le (l')	la (l')	les
不定冠詞	un	une	des
部分冠詞	du (de l')	de la (de l')	

005

PARTIE 1

La première rencontre
[ラ・プルミエール・ランコントル]

出会い

運命の人との出会いは、いつ、どこであるかは分かりません。パーティーで、友達の家で、カフェで、地下鉄で、至るところに機会はあるというもの。どこで会ったにしても、初めての出会いで話すことと言えば、まずは自己紹介からでしょう。見ず知らずの他人同士が、お互いを知り合うために交わす基本的な会話を紹介します。これさえ覚えておけば、未来の恋人だけでなく、未来の友達にだって使えますよ！

何はともあれ、この一言から
「こんにちは」

Bonjour.
[ボンジュール]
こんにちは。

Bonsoir.
[ボンソワール]
こんばんは。

いくらフランス語に自信がなくとも、あいさつだけは元気に伝えたいもの。恋を始めるためには、何といっても第一印象が大切です。フランスでは、基本的に初対面の人には握手をして、あいさつを交わします。むやみに愛嬌を振りまく必要はないけれど、あいさつの言葉を言いながら、しっかり相手の目を見て、にっこりと微笑めば、好印象なこと間違いなし！

これを聞かないと始まらない
「名前は何？」

丁寧な言い方

Vous vous appelez comment ?
［ヴ・ヴザプレ・コマン］
あなたの名前は何ですか？

親しい言い方

Tu t'appelles comment ?
［テュ・タペル・コマン］
君の名前は何？

フランス語には、主語人称代名詞に"vous [ヴ]"を使った丁寧な言い方と、"tu [テュ]"を使った親しい言い方の2通りがあります。初対面の人や、明らかに自分より年上の人には"vous"を使って話します。自分と同じぐらいの年齢や、相手が若ければ、すぐに"tu"を使って話すことも可能です。どちらを使えばいいか分からない場合は、相手の言い方に合わせるのが無難。親しくなるにつれて、"tu"で話すこともできます(→P.032)。

Je m'appelle Satomi.
[ジュ・マペル・サトミ]
私の名前はサトミです。

動詞 "appeler [アプレ] 〜" は「〜を呼ぶ、〜に電話をかける」などの意味があります。代名動詞 "s'appeler [サプレ] 〜" になると、「〜と呼ばれる」と、名前を言う言い方に。代名動詞にくっついている "se [ス]" は再帰代名詞と呼ばれるもので、主語によって変化します。日本語の名前は、聞き慣れない人にとっては難しいもの。特にフランス語では発音しない "h" を使ったハ行の文字は、発音してもらえない場合が（例：Honami→オナミ）。自分の名前を伝える時は、ゆっくり、はっきりと発音しましょう。

Comment ?
[コマン]
何ですか？

C'est SA TO MI.
[セ・サ・ト・ミ]
サ・ト・ミです。

これを聞かないと始まらない「名前は何？」

疑問文の言い方はさまざま

フランス語の疑問文はさまざまな言い方ができます。話し言葉では前述（→ P.008）のような、平叙文の後ろに疑問副詞をつけ、語尾を上げて疑問文にする形が一般的。他にも疑問副詞を文頭にもってきて、後ろに平叙文をつなげる、以下のような形もよく使います。

Comment vous vous appelez ?
[コマン・ヴ・ヴザプレ]
お名前は何ですか？

Comment tu t'appelles ?
[コマン・テュ・タペル]
名前は何？

文法的に正しい疑問文は、主語と動詞を倒置した以下の形です。書き言葉として使われることが多く、見るからにややこしい感じですね。でも、疑問文だけでなく、正しい形でフランス語を話す人は、家柄や学歴もいいという印象を与えます。といっても、そんなにきちんと話す人は稀ですが。

Comment vous appelez-vous ?
[コマン・ヴザプレ・ヴ]
お名前は何ですか？

Comment t'appelles-tu ?
[コマン・タペル・テュ]
名前は何？

実際、恋人同士になれば親しい表現になるのが一般的なので、本書では、話し言葉を中心に説明していきます。友達や知人同士でも、気軽な話し言葉で話す方が多いです。

相手に聞き返すなら
「あなたは？」

> **丁寧な言い方**
>
> ### Et vous ?
> [エ・ヴ]
> あなたは？

> **親しい言い方**
>
> ### Et toi ?
> [エ・トワ]
> 君は？

名前を聞かれたら、相手にも聞き返すのが礼儀というもの。その場合は同じ質問を繰り返すのではなく、上記の一言を返すだけで、済んでしまいます。名前のみならず、後述するさまざまな質問も同様に、聞かれたら相手に聞き返してみましょう。こちらから質問した場合は、もちろん聞き返されることもあります。

やっぱり聞かれるのは
「どこの出身？」

丁寧な言い方

De quelle nationalité êtes-vous ?
[ドゥ・ケル・ナスィヨナリテ・エト・ヴ]
どちらの国籍ですか？

D'où venez-vous ?
[ドゥ・ヴネ・ヴ]
どちらの出身ですか？

親しい言い方

Tu es de quelle origine ?
[テュ・エ・ドゥ・ケル・オリジーヌ]
どこの出身？

Tu viens d'où ?
[テュ・ヴィヤン・ドゥ]
どこの出身？

「国籍」"nationalité [ナスィヨナリテ] (f.)"の他に、"origine [オリジーヌ] (f.)"と「出身」を聞かれることも。"venir d'où [ヴニール・ドゥ]"は「どこから来たの」という意味合いです。

Je suis Japonaise.
[ジュ・スュイ・ジャポネーズ]
日本人です。

Je viens du Japon.
[ジュ・ヴィヤン・デュ・ジャポン]
日本から来ました。

答え方は、「〜人」と国名の2通りがあります。「〜人」は、男性形、女性形がありますので、発音に注意しましょう。「日本人」は男性ならば"Japonais [ジャポネ]"、女性ならば"Japonaise [ジャポネーズ]"となります。

Je suis Français.
[ジュ・スュイ・フランセ]
僕はフランス人。

Mon père est Suisse et ma mère est Italienne.
[モン・ペール・エ・スュイス・エ・マ・メール・エ・ティタリエンヌ]
父親はスイス人で母親はイタリア人だ。

いくらフランス語で会話をしたとしても、相手はフランス人とは限りません。また、本人の国籍がフランスだとしても、親は他の国籍だということも大いにあること。特にパリは移民の街だから、さまざまな国籍や出身の人々が入り混じって暮らしているのです。さて、どこを出身とする人と出会えるか、楽しみですね！

やっぱり聞かれるのは「どこの出身？」

主な国名と「〜人」

フランス　France [フランス] (*f.*)
フランス人　Français [フランセ]、Française [フランセーズ]
ドイツ　Allemagne [アルマーニュ] (*f.*)
ドイツ人　Allemand [アルマン]、Allemande [アルマーンド]
イタリア　Italie [イタリー] (*f.*)
イタリア人　Italien [イタリアン]、Italienne [イタリエンヌ]
スペイン　Espagne [エスパーニュ] (*f.*)
スペイン人　Espagnol [エスパニョル]、Espagnole [エスパニョル]
ポルトガル　Portugal [ポルテュガル] (*m.*)
ポルトガル人　Portugais [ポルテュゲ]、Portugaise [ポルテュゲーズ]
ベルギー　Belgique [ベルジック] (*f.*)
ベルギー人　Belge [ベルジュ]、Belge [ベルジュ]
スイス　Suisse [スュイス] (*f.*)
スイス人　Suisse [スュイス]、Suissesse [スュイセス] (女性形を使うのは稀)
イギリス　Angleterre [アングルテール] (*f.*)
イギリス人　Anglais [アングレ]、Anglaise [アングレーズ]
アメリカ　Etats-Unis [エタ・ズュニ] (*m.*)
アメリカ人　Américain [アメリカン]、Américaine [アメリケーヌ]
モロッコ　Maroc [マロック] (*m.*)
モロッコ人　Marocain [マロカン]、Marocaine [マロケーヌ]
アルジェリア　Algérie [アルジェリ] (*f.*)
アルジェリア人　Algérien [アルジェリアン]、Algérienne [アルジェリエンヌ]
チュニジア　Tunisie [テュニズィ] (*f.*)
チュニジア人　Tunisien [テュニズィアン]、Tunisienne [テュニズィエンヌ]
中国　Chine [シヌ] (*f.*)
中国人　Chinois [シノワ]、Chinoise [シノワーズ]
韓国　Corée du Sud [コレエ・デュ・スュド] (*f.*)
韓国人　Coréen [コレアン]、Coréenne [コレエンヌ]
ベトナム　Vietnam [ヴィエットナム] (*m.*)
ベトナム人　Vietnamien [ヴィエットナミアン]、
　　Vietnamienne [ヴィエットナミエンヌ]
インド　Inde [アンド] (*f.*)
インド人　Indien [アンディアン]、Indienne [アンディエンヌ]

聞いておくと安心
「仕事は何？」

丁寧な言い方

Quel est votre métier ?
[ケレ・ヴォトル・メティエ]
お仕事は何ですか？

Que faites-vous dans la vie ?
[ク・フェット・ヴ・ダン・ラ・ヴィ]
何をされているのですか？

親しい言い方

Tu fais quoi dans la vie ?
[テュ・フェ・クワ・ダン・ラ・ヴィ]
何をしているの？

Ta profession est quoi ?
[タ・プロフェスィヨン・エ・クワ]
職業は何？

「職業」は "métier [メティエ] (m.)"、または "profession [プロフェスィヨン] (f.)"。"faire dans la vie [フェール・ダン・ラ・ヴィ]" とは、「人生で何をしているのか」といった意味で、仕事を尋ねる一般的な言い方です。自分たちのことだけでなく、親しくなるにつれて親や親戚、知人のことでも話題に上る仕事の話。いろんな職業を覚えていて損はないでしょう。

Je suis étudiante.
[ジュ・スュイ・ゼテュディヤント]
学生です。

J'apprends le français.
[ジャプラン・ル・フランセ]
フランス語を学んでいます。

「私は〜です」の"Je suis 〜 [ジュ・スュイ]"を使って、職業名(→P.020)で答える言い方です。職業の名詞は男性形、女性形がある場合があるので、発音にご注意。「学生」は男性なら"étudiant [エテュディヤン]"、女性ならば"étudiante [エテュディヤント]"。

Je travaille dans une agence de voyages.
[ジュ・トラヴァイユ・ダン・ズュン・ナジャンス・ドゥ・ヴォワイヤージュ]
旅行代理店で働いています。

Je bosse dans une entreprise d'import-export.
[ジュ・ボス・ダン・ズュン・ナントルプリーズ・ダンポール・エクスポール]
貿易会社で働いているわ。

職業名で答えられない場合などは、「〜で働いている」"travailler dans 〜 [トラヴァイエ・ダン]"を使って答えることもできます。同じ「働く」でも"bosser [ボセ]"はくだけた言い方です。

聞いておくと安心「仕事は何？」

主な職業

会社員　employé(e) de bureau [アンプロワイエ・ドゥ・ビュロー]
銀行員　employé(e) de banque [アンプロワイエ・ドゥ・バンク]
会計士　comptable [コンターブル]
公証人　notaire [ノテール] (m.)
弁護士　avocat [アヴォカ]、avocate [アヴォカット]
秘書　secrétaire [スクレテール]
助手　assistant [アスィスタン]、assistante [アスィスタント]
研修者　stagiaire [スタジエール]

消防士　pompier [ポンピエ] (m.)
警察官　policier [ポリスィエ] (m.)
教師　professeur [プロフェスール] (m.)
小学校の先生　instituteur [アンスティテュトール]、institutrice [アンスティテュトリス]
医者　médecin [メドゥサン] (m.)
看護師　infirmier [アンフィルミエ]、infirmière [アンフィルミエール]
歯医者　dentiste [ダンティスト]
獣医　vétérinaire [ヴェテリネール]

技術士　ingénieur [アンジェニュール] (m.)
整備士　mécanicien [メカニスィヤン]、mécanicienne [メカニスィエンヌ]
情報処理技術者　informaticien [アンフォルマティスィヤン]、
　informaticienne [アンフォルマティスィエンヌ]

商人　commerçant [コメルサン]、commerçante [コメルサント]
販売員　vendeur [ヴァンドゥール]、vendeuse [ヴァンドゥーズ]
レジ係　caissier [ケスィエ]、caissière [ケスィエール]
ウエイター（ウエートレス）　serveur [セルヴール]、serveuse [セルヴーズ]

ファッションデザイナー　styliste [スティリスト]
パタンナー、モデリスト　modéliste [モデリスト]
縫子　couturière [クテュリエール] (f.)
ファッションモデル　mannequin [マヌカン] (m.)
美容師　coiffeur [コワフール]、coiffeuse [コワフーズ]
メイクアップアーティスト　maquilleur [マキユール]、maquilleuse [マキユーズ]

パイロット、レーサー pilote [ピロット] (m.)
客室乗務員 steward [スチュワード]、hôtesse de l'air [オテス・ドゥ・レール]
スポーツ指導員 coach [コーチ]
スポーツ選手 joueur [ジュワール]、joueuse [ジュウーズ]

芸術家 artiste [アルティスト]
画家 artiste peintre [アルティスト・パントル]
音楽家 musicien [ミュズィスィアン]、musicienne [ミュズィスィエンヌ]
作曲家 compositeur [コンポズィトゥール]、compositrice [コンポズィトリス]
歌手 chanteur [シャントゥール]、chanteuse [シャントゥーズ]
ピアニスト pianiste [ピアニスト]
ダンサー danseur [ダンスール]、danseuse [ダンスーズ]

プロデューサー producteur [プロデュクトゥール]、productrice [プロデュクトリス]
映画監督 réalisateur [レアリザトゥール]、réalisatrice [レアリザトリス]
俳優 acteur [アクトゥール]、actrice [アクトリス]

建築家 architecte [アルシテクト]
インテリアデザイナー décorateur [デコラトゥール]、décoratrice [デコラトリス]
造園家 paysagiste [ペイザジスト]
フラワーデザイナー fleuriste [フルーリスト]

ジャーナリスト journaliste [ジュルナリスト]
カメラマン photographe [フォトグラフ]
編集者 éditeur [エディトゥール]、éditrice [エディトリス]
作家 écrivain [エクリヴァン]、écrivaine [エクリヴェヌ]
イラストレーター illustrateur [イリュストラトール]、illustratrice [イリュストラトリス]
翻訳家 traducteur [トラデュクトゥール]、traductrice [トラデュクトリス]
通訳 interprète [アンテルプレット]

料理人 cuisinier [キュイズィニエ]、cuisinière [キュイズィニエール]
菓子職人 pâtissier [パティスィエ]、pâtissière [パティスィエール]
パン職人 boulanger [ブーランジェ]、boulangère [ブーランジェール]

農業従事者 agriculteur [アグリクリュトゥール]、agricultrice [アグリクリュトリス]

聞くタイミングを見計らって
「年はいくつ？」

丁寧な言い方

Vous avez quel âge ?
[ヴザヴェ・ケラージュ]
おいくつですか？

Quel âge avez-vous ?
[ケラージュ・アヴェ・ヴ]
おいくつですか？

親しい言い方

Tu as quel âge ?
[テュ・ア・ケラージュ]
いくつ？

Quel âge as-tu ?
[ケラージュ・ア・テュ]
いくつ？

出会ってすぐに聞くのは避けたいけれど、話の流れなどで年齢を聞くことは、よくあるシチュエーション。アジア人の年はとかく若く思われがちですが、逆に欧米人などは年上そうで、案外自分と同じような年齢だったということはよくあります。年齢を聞くときは"âge [アージュ] (m.)"、歳を答えるときは"an(s) [アン] (m.)"を使います。

J'ai vingt-trois ans.
[ジェ・ヴァント・トロワ・ザン]
23歳です。

"avoir ＋数詞＋ ans [アヴォワール・〜・アン]"で「〜歳です」という表現です。いくつになっても恋をし続けるのがフランス人。相手がだいぶ年上（もしくは年下）だと思っても、恋を始めるのに年齢は関係ありません。もしあなたが年配の女性だったとしても、素敵な出会いがあるのがパリという街。年齢に囚われず、思う存分に恋を探してくださいね！以下では、フランスでの一般的な恋愛適齢期を挙げています。例えば「31歳」ならば、"trente-et-un ans [トランテ・アン・ナン]"と続けて読むだけで、年齢を言うことができますよ。

20歳 vingt ans [ヴァンタン]	＋1歳 -et-un ans [エ・アン・ナン]
→ 20 vingt [ヴァント]	（前に来る子音とアンシェヌマン）
（22〜29はtを発音する）	＋2歳 -deux ans [ドゥー・ザン]
30歳 trente ans [ト랑タン]	＋3歳 -trois ans [トロワ・ザン]
→ 30 trente [トラント]	＋4歳 -quatre ans [カトラン]
40歳 quarante ans [カランタン]	＋5歳 -cinq ans [サンカン]
→ 40 quarante [カラント]	＋6歳 -six ans [スィザン]
50歳 cinquante ans [サンカンタン]	＋7歳 -sept ans [セッタン]
→ 50 cinquante [サンカント]	＋8歳 -huit ans [ユイッタン]
60歳 soixante ans [ソワサンタン]	（前に来る子音とアンシェヌマン）
→ 60 soixante [ソワサント]	＋9歳 -neuf ans [ヌヴァン]

聞くタイミングを見計らって「年はいくつ？」

Tu as le même âge que moi.
[テュ・ア・ル・メム・アージュ・ク・モワ]
私と同じ年だわ。

Tu es plus jeune que moi.
[テュ・エ・プリュ・ジューヌ・ク・モワ]
私よりも若いのね。

Tu es un an moins âgé que moi.
[テュ・エ・アン・ナン・モワン・ザジェ・ク・モワ]
私よりも一歳年下なのね。

Tu as un an de moins que moi.
[テュ・ア・アン・ナン・ドゥ・モワン・ク・モワ]
私よりも一歳年下なのね。

Tu es un an plus jeune que moi.
[テュ・エ・アン・ナン・プリュ・ジューヌ・ク・モワ]
私よりも一歳若いのね。

Vous êtes dix ans plus âgé que moi.
[ヴゼット・ディ・ザン・プリュ・ザジェ・ク・モワ]
私よりも10歳年上ですね。

自分の歳と比較して答えるには、比較級を使います。「同い年」ならば"avoir le même âge [アヴォワール・ル・メム・アージュ]"、「年下」ならば"être moins âgé(e) [エトル・モワン・アジェ]"、「年上」ならば"être plus âgé(e) [エトル・プリュ・アジェ]"で、後ろに「私よりも」という意味の"que moi [ク・モワ]"をつけます。動詞が"être [エトル]"か"avoir [アヴォワール]"のどちらを取るかに注意。形容詞"jeune [ジューヌ]"は「若い」という意味です。

Moi aussi, j'ai le même âge que toi.
[モワ・オスィ、ジュ・ル・メム・アージュ・ク・トワ]
私もよ、君と同い年だわ。

Je suis moins âgé que vous.
[ジュ・スュイ・モワン・ザジェ・ク・ヴ]
あなたよりも年下です。

On a le même âge !
[オナ・ル・メム・アージュ]
私たちは同い年よ！

「私」を主語にして相手の歳と比較した言い方ももちろんできます。"que toi [ク・トワ]"で「君よりも」、"que vous [ク・ヴ]"で「あなたよりも」。

Vous êtes jeune!
[ヴゼットゥ・ジューヌ]
お若いですね！

Ça ne se voit pas.
[サ・ヌ・ス・ヴォワ・パ]
そう（その年齢に）は見えません。

若者同士ならばともかく、「若ければいい」という感覚はフランスでの恋愛基準にはありません。女性でも男性でも、素敵に年を重ねている人に惹きつけられるのが基本。もちろん、実際の年齢よりも若く見られるとうれしいのは、万国共通ですが。

一番聞きたいことと言ったら
「独身?」

丁寧な言い方

Vous êtes mariée ?
[ヴゼット・マリエ]
結婚していますか？

親しい言い方

Tu as un petit ami ?
[テュ・ア・アン・プティ・タミ]
恋人はいる？

Tu sors avec quelqu'un ?
[テュ・ソール・アヴェク・ケルカン]
誰かとつきあっている？

Tu as déjà quelqu'un dans ta vie ?
[テュ・ア・デジャ・ケルカン・ダン・タ・ヴィ]
もう誰か決まった人がいるの？

「結婚している」は"être marié(e) [エトル・マリエ]"。「友達」という意味の"ami(e) [アミ]"を、"petit ami [プティ・タミ]"、"petite amie [プティッ・タミ]"とすると「恋人」という意味になります。また、所有形容詞をつけても同じように表現することができます（→P.152）。"sortir avec 〜[ソルティル・アヴェク]"は「〜とつきあう」ということです。

籍を入れないカップルや離婚者が多いフランスでは、結婚していなくとも、子供がいる場合があります。したがって、「結婚しているか」と「子供はいるか」はまったく別の問題というわけです。そして、たとえ子供がいたとしても、恋愛の妨げにはならないのがフランス。だからこそ、いくつになっても恋愛体質でいられるのでしょう。

Oui, je suis mariée.
[ウィ、ジュ・スュイ・マリエ]
えぇ、結婚しています。

Oui, j'ai mon copain.
[ウィ、ジェ・モン・コパン]
えぇ、彼がいるわ。

Non, je suis célibataire.
[ノン、ジュ・スュイ・セリバテール]
いいえ、独身です。

Non, je suis divorcée.
[ノン、ジュ・スュイ・ディヴォルセ]
いいえ、離婚しました。

Avez-vous des enfants ?
[アヴェ・ヴ・デ・ザンファン]
子供はいますか？

Non, je n'en ai pas.
[ノン、ジュ・ナネ・パ]
いいえ、いません。

Oui, j'en ai deux.
[ウィ、ジャネ・ドゥー]
はい、2人います。

話題作りに一役
「どこに住んでいるの？」

丁寧な言い方

Où habitez-vous ?
[ウ・アビテ・ヴ]
どこにお住まいですか？

Vous habitez où ?
[ヴザビテ・ウ]
どこにお住まいですか？

親しい言い方

Où habites-tu ?
[ウ・アビット・テュ]
どこに住んでいるの？

Tu habites où ?
[テュ・アビット・ウ]
どこに住んでいるの？

「住んでいる」は動詞 "habiter [アビテ]" です。「そこを知っている」や「そこに行ったことがある」など、話題を作りやすい質問でも。「近くに住んでいる」なんて言われた時には、運命を感じてしまうかもしれません！

J'habite à Tokyo.
[ジャビット・ア・トーキョー]
東京に住んでいます。

J'habite dans le quatorzième.
[ジャビット・ダン・ル・カトルズィエム]
14区に住んでいます。

J'habite en banlieue.
[ジャビット・アン・バンリュー]
郊外に住んでいます。

答える時に注意しなくてはいけないのが、前置詞。後に来る単語によって変わります。都市名は"à [ア]"、パリ内の区ならば"dans [ダン]"。「パリ郊外」は女性名詞なので"en [アン]"といった具合です。パリの20区まである「区」は"arrondissement [アロンディスマン] (*m.*)"ですが、数詞だけで答えても伝わります。

話題作りに一役「どこに住んでいるの？」

パリ20区の言い方

パリにいるならば、「何区に住んでいる」だけではなく、「そのお店って何区にあるの？」などでよく使うことになる単語です。

1区　le premier [ル・プルミエ]
2区　le deuxième [ル・ドゥズィエム]
3区　le troisième [ル・トロワズィエム]
4区　le quatrième [ル・カトリエム]
5区　le cinquième [ル・サンキエム]
6区　le sixième [ル・スィズィエム]
7区　le septième [ル・セティエム]
8区　le huitième [ル・ユイティエム]
9区　le neuvième [ル・ヌヴィエム]
10区　le dixième [ル・ディズィエム]
11区　le onzième [ル・オンズィエム]（エリズィヨンしない）
12区　le douzième [ル・ドゥズィエム]
13区　le treizième [ル・トレズィエム]
14区　le quatorzième [ル・カトルズィエム]
15区　le quinzième [ル・カンズィエム]
16区　le seizième [ル・セズィエム]
17区　le dix-septième [ル・ディセティエム]
18区　le dix-huitième [ル・ディズユイティエム]
19区　le dix-neuvième [ル・ディズヌヴィエム]
20区　le vingtième [ル・ヴァンティエム]

C'est quel arrondissement ?
[セ・ケル・アロンディスマン]
それは何区ですか？

C'est le sixième.
[セ・ル・スィズィエム]
それは6区です。

Ah bon ! J'habite dans le quatorzième aussi.
[ア・ボン。ジャビット・ダン・ル・カトルズィエム・オスィ]
へえ！ 僕も14区に住んでいるよ。

Quelle station de métro est la plus près de chez toi ?
[ケル・スタスィヨン・ドゥ・メトロ・エ・ラ・プリュ・プレ・ドゥ・シェ・トワ]
何駅が家から一番近いの？

C'est Alésia.
[セ・アレジア]
アレジア駅よ。

Moi, près de Mouton-Duvernet.
[モワ、プレ・ドゥ・ムートン・デュヴェルネ]
僕はムートン・デュヴェルネ駅の近く。

C'est la même ligne de métro !
[セ・ラ・メム・リーニュ・ドゥ・メトロ]
同じ地下鉄の路線だ！

On habite tout près !
[オナビット・トゥー・プレ]
とても近くに住んでいるね！

「〜の近く」は "près de 〜[プレ・ドゥ]"、"à côté de 〜[ア・コテ・ドゥ]"。「〜の遠く」は "loin de 〜[ロワン・ドゥ]" です。

031

より親しくなるために
「tuで話す？」

> **On se tutoie ?**
> [オン・ス・テュトワ]
> tuで話す？

> **Oui, bien sûr !**
> [ウィ、ビヤン・スュル]
> えぇ、もちろん！

P.008にもある通り、主語人称代名詞"vous [ヴ]"を使うと丁寧な言い方に、"tu [テュ]"を使うと親しみのある言い方になるのがフランス語でした。これらの話し方には、「vousを使って話す」"vouvoyer [ヴヴワィエ]"、「tuを使って話す」"tutoyer [テュトワィエ]"という、ちゃんとした動詞があるのです。"vous"から始まったぎこちない2人が、距離が縮まるにつれて"tu"へと、自然の流れのように変われば問題ないのですが、微妙にきっかけが掴めないなんてこともあるでしょう。日本語なら、"タメ口で話す？"という感じでしょうか？ 相手から言われなければ、自分から提案してみましょう。

PARTIE 2

La rencontre inattendue
[ラ・ランコントル・イナタンデュ]

偶然の出会い

恋のチャンスがいろんなところに転がっているパリ。もしかしたら、道端で突然、声を掛けられることがあるかもしれません。それとも、以前出会ったことがある人と偶然に再会することだって、なきにしもあらず。そんな思いがけない出会いにも対処できる会話をご紹介。いつなんどき、運命の人と出会ってもいいように、常に自分を磨いておいてくださいね。そうすれば、さらに恋のチャンスが広がるでしょう！

ナンパの手口でも

「会ったことあるよね?」

> **On s'est déjà vus ?**
> [オン・セ・デジャ・ヴュ]
> すでに会ったよね?
>
>
> **On se connaît ?**
> [オン・ス・コネ]
> 知り合いだよね?
>
>
> **On s'est rencontrés quelque part ?**
> [オン・セ・ランコントレ・ケルク・パール]
> どこかで出会ったことあるよね?

ナンパの手口でそんな風に声を掛けてくる人も中にはいるけれど、本当に以前会ったことがある人と、街中でバッタリ出会ったら、一気に恋へと加速しそうです。"se voir [ス・ヴォワール]"、"se rencontrer [ス・ランコントレ]"は「出会う」、"se connaître [ス・コネトル]"は「知り合いである」という意味で、すべて代名動詞です。複合過去は助動詞"être [エトル]"を取り、不定代名詞"on [オン]"が複数(この場合はnous)を表わす場合、過去分詞も複数形になります。

035

ナンパの手口でも「会ったことあるよね？」

> **気のある返事**
>
> ## Oui, c'était chez Catherine.
> [ウィ、セテ・シェ・カトリーヌ]
> ええ、カトリーヌの家だったわ。
>
> ## Je me souviens bien de toi.
> [ジュ・ム・スヴィヤン・ビヤン・ドゥ・トワ]
> 君のことをよく覚えているわ。

1番目の返事はただの相槌だけれど、2番目の「よく覚えている」と付け足したら、相手も喜ぶこと間違いなし！ 代名動詞 "se souvenir de 〜 [ス・スヴニール・ドゥ]" で「〜のことを覚えている」です。

> **本当に覚えていないなら**
>
> ## Non, je ne me souviens pas.
> [ノン、ジュ・ヌ・ム・スヴィヤン・パ]
> いいえ、覚えていないわ。
>
> ## Si, tu es une copine de Catherine ?
> [スィ、テュ・エ・ユンヌ・コピーヌ・ドゥ・カトリーヌ]
> いいや、カトリーヌの友達だろ？
>
> ## C'est vrai !
> ## On s'est déjà rencontrés chez Catherine.
> [セ・ヴレ。オン・セ・デジャ・ランコントレ・シェ・カトリーヌ]
> そうだわ！ カトリーヌの家ですでに出会ったわね。

もちろん覚えていない場合は素直に伝えましょう。暗がりの中のパーティーで出会い、相手の顔がよく見えなかった、ということもよくある話。

気のない返事

Non, ce n'est pas moi.
[ノン、ス・ネ・パ・モワ]
いいえ、私じゃないわ。

Tu te trompes.
[テュ・トゥ・トロンプ]
間違いよ。

明らかにナンパだと思ったら、冷たく言い放って、さっさと別れましょう。ただし、相手が好みのタイプならば別ですが。代名動詞"se tromper [ス・トロンペ]"は「間違える」。

話のきっかけはこの言葉
「元気？」

Ça va ?
[サ・ヴァ]
元気？

Comment ça va ?
[コマン・サ・ヴァ]
元気？

Tu vas bien ?
[テュ・ヴァ・ビヤン]
元気にしている？

Comment vas-tu ?
[コマン・ヴァ・テュ]
調子はどう？

いろんな言い方があるけれど、どれも「元気？」ということ。誰と会っても、"Bonjour. [ボンジュール]"の後には "Ça va ?[サ・ヴァ]" が、フランスではお決まりのあいさつです。とりあえず、この言葉を言っておけば、話の繋ぎにもなるという万能モノでも。動詞 "aller [アレ]" は「調子がいい」という意味もあります。

Oui, ça va bien.
[ウィ、サ・ヴァ・ビヤン]
えぇ、元気よ。

Oui, je vais bien.
[ウィ、ジュ・ヴェ・ビヤン]
えぇ、調子がいいわ。

Oui, pas mal.
[ウィ、パ・マル]
えぇ、悪くないわ。

Bof, moyen.
[ボフ、モワイヤン]
う〜ん、まあまあ。

Pas terrible.
[パ・テリーブル]
冴えないわ。

基本的には「元気よ」で終わるあいさつですが、自分の状態によってさまざまな答え方ができます。相手に愚痴を言えるようになったら、あなたも立派なフランス人かも。

話を続けるために
「どこに行くの?」

Tu vas où ?
[テュ・ヴァ・ウ]
どこに行くの?

Que fais-tu ?
[ク・フェ・テュ]
何しているの?

Tu fais quoi ?
[テュ・フェ・クワ]
何しているの?

偶然に出会ったならば、一般的な話題作りとして、「どこに行くのか」「何をしているのか」聞いてみたいところですよね。動詞 "aller[アレ]" は「行く」、"faire[フェール]" は「する」という意味の、日常でよく使う単語です。

HÔTEL DIEU
1 Place du
parvis Notre Dame

← Centre G.POMPIDOU

NOTRE DAME →

話を続けるために「どこに行くの?」

> 予定がある場合

Je vais dans une école de français.
[ジュ・ヴェ・ダン・ズュン・ネコール・ドゥ・フランセ]
フランス語の学校に行くの。

Je prends le métro pour aller au bureau.
[ジュ・プラン・ル・メトロ・プール・アレ・オ・ビュロー]
会社に行くために地下鉄に乗るの。

J'ai un rendez-vous chez le dentiste.
[ジェ・アン・ランデヴ・シェ・ル・ダンティスト]
歯医者に予約があるの。

予定があるならもちろんのことながら、本当に予定がなくとも誘われるのが嫌ならば、断る口実にしてもOK。

> 予定がない場合

Je vais rentrer à la maison.
[ジュ・ヴェ・ラントレ・ア・ラ・メゾン]
家に帰るわ。

Rien, je me promène.
[リヤン、ジュ・ム・プロメヌ]
何も、散歩しているの。

上記のように答えたならば、「これからどこかに一緒に行ってもいいかも」というニュアンスあり。とは言っても、逆に相手に予定があれば、ダメだけれど。

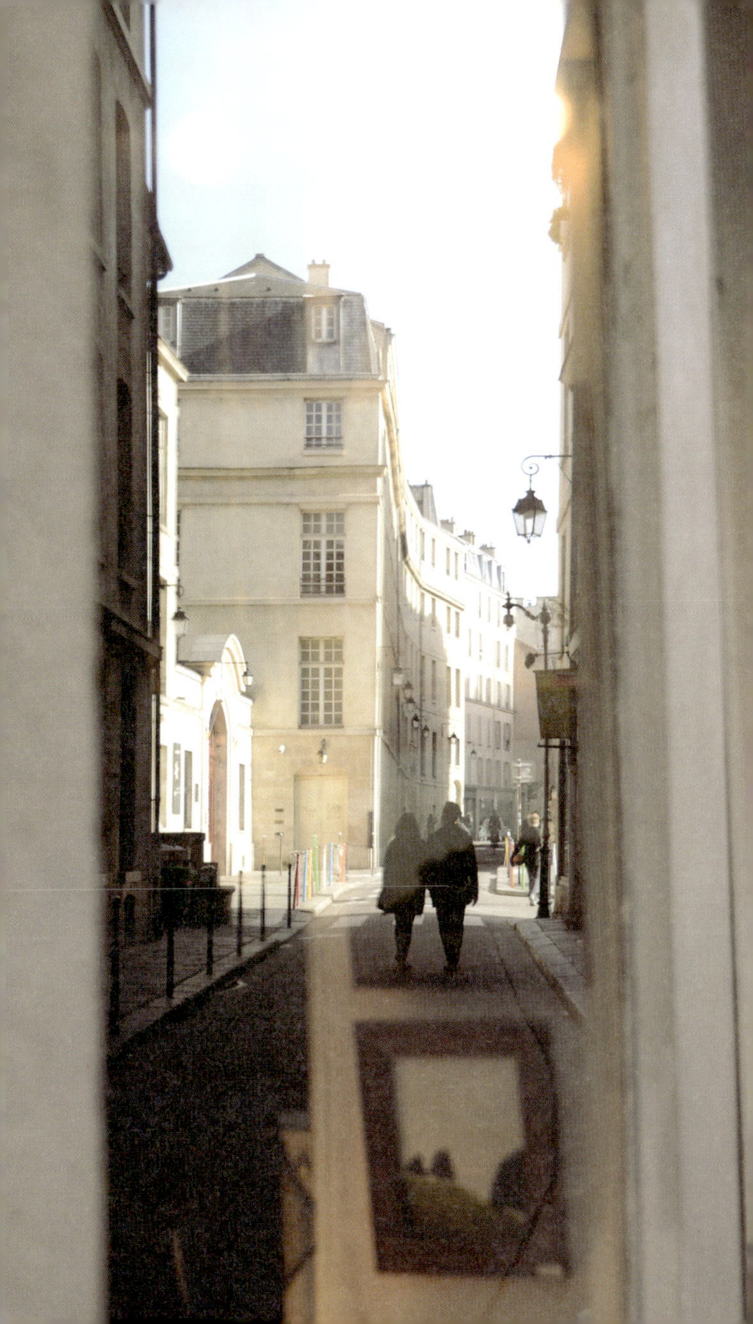

誘いの決まり文句
「お茶しない?」

Tu as le temps ?
[テュ・ア・ル・タン]
時間がある?

On va au café ?
[オン・ヴァ・オ・カフェ]
カフェに行かない?

On prend un café ?
[オン・プラン・アン・カフェ]
コーヒー飲まない?

On boit un coup ?
[オン・ボワ・アン・クー]
1杯飲まない?

パリ中のいたるところにある「カフェ」"café [カフェ] (*m.*)" は、恋の始まりに打ってつけの場所。「お茶しない?」と誘えば、健全としているし、いくらコーヒー1杯で長居をしても、カフェから追い出されることはありません。夜でもカフェはアリだけれど、誘い方は「一杯」に変えてみたいもの。

> ノリノリなら

D'accord, on y va !
[ダコール、オニ・ヴァ]
分かったわ、行きましょう！

「了解」という意味の"D'accord.[ダコール]"、呼びかけとしても使われる"On y va.[オニ・ヴァ]"は、日常的によく使うので覚えておきましょう。

> ちょっとだけならいいかも

Je n'ai pas beaucoup de temps, juste un petit café.
[ジュ・ネ・パ・ボーク・ドゥ・タン、ジュスト・アン・プティ・カフェ]
あまり時間がないけれど、コーヒー1杯だけなら。

J'ai du temps jusqu'à 18h.
[ジェ・デュ・タン・ジュスカ・ディズユイットゥール]
18時までなら時間があるわ。

後に用事がある場合は、「〜時まで」"jusqu'à＋時間[ジュスカ〜]"と言うことができます。逆に「〜時から」と言う場合は"à partir de＋時間[ア・パルティル・ドゥ〜]"と言うことも。時間の言い方はP.076を参考に。

045

誘いの決まり文句「お茶しない？」

> **時間がないなら**
>
> ## Désolée, je n'ai pas le temps.
> [デゾレ, ジュ・ネ・パ・ル・タン]
> 申し訳ないけれど、時間がないの。
>
> ## Je suis très pressée.
> [ジュ・スュイ・トレ・プレセ]
> とても急いでいるの。
>
> ## Peut-être une autre fois.
> [プテトル・ユン・ノートル・フォワ]
> たぶんまた別の機会に。

「急いでいる」は "être pressé(e) [エトル・プレセ]" です。「特に予定はないし、好みのタイプ♥」なんて時は、誘いを受けてみては？ もちろん、ノリ気がなければ、上記のように断ることもできます。本当に急いでいるならば、日を改めましょう。

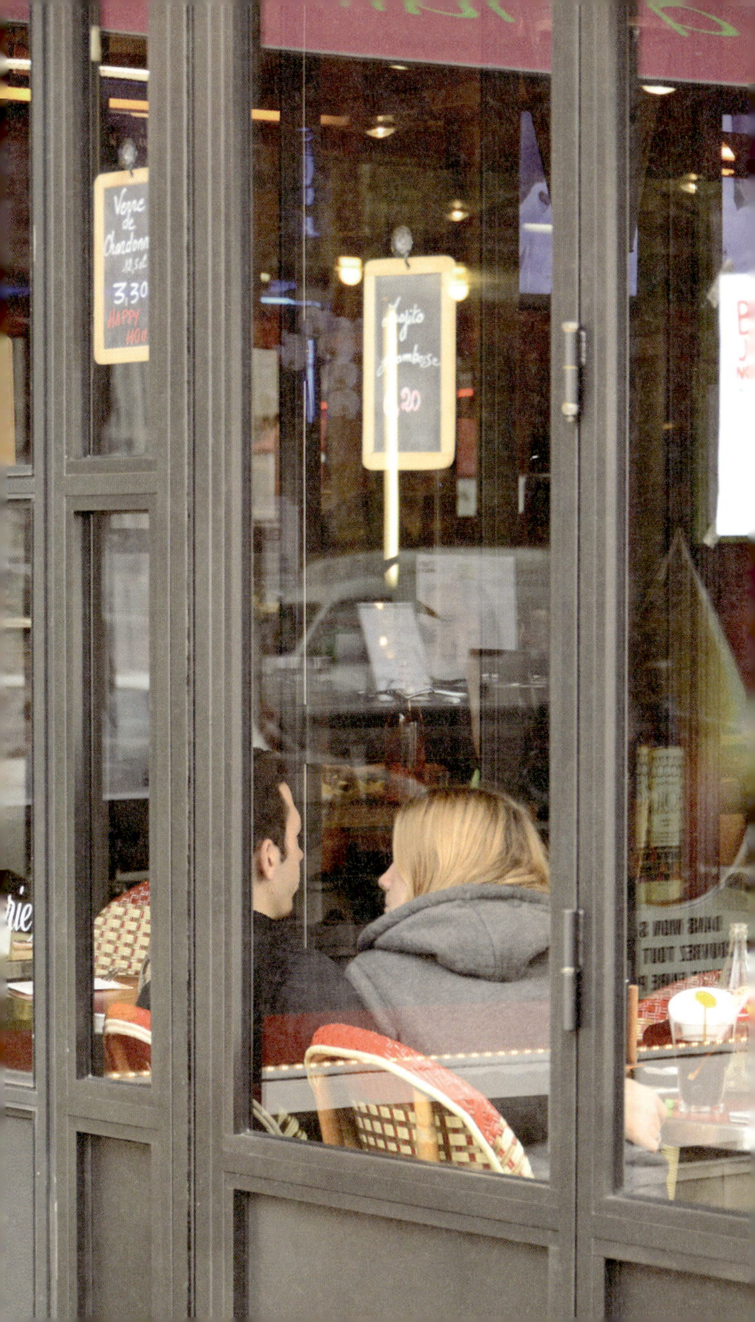

Verre
de
3,30
HAPPY

待っていました、この言葉
「また会える?」

> On peut se revoir ?
> [オン・プ・ス・ルヴォワール]
> また会えるかな?
>
> Je voudrais te revoir.
> [ジュ・ヴドレ・トゥ・ルヴォワール]
> 君に再び会いたいんだけれど。
>
> J'aimerais bien te revoir.
> [ジェムレ・ビヤン・トゥ・ルヴォワール]
> できれば君に再び会いたいな。
>
> J'espère qu'on se reverra.
> [ジェスペール・コン・ス・ルヴェラ]
> 再び会えることを願うよ。

動詞 "revoir [ルヴォワール]" で「再び会う」、代名動詞 "se revoir [ス・ルヴォワール]" で「再び出会う」です。上記はすべて「君に再び会いたい」という文ですが、若干ニュアンスが異なります。一番上の文は「再び会おう」というダイレクトな感じ。2番目は動詞 "vouloir [ヴロワール] (〜したい)" の条件法 "voudrais"、3番目は動詞 "aimer [エメ] (〜したい)" の条件法 "aimerais" を使って、「できれば〜したい」という表現です。動詞 "espérer [エスペレ]" も「〜を期待する」という願望を表す文です。

ノリ気ならば

Oui, avec plaisir !
[ウィ、アヴェク・プレズィール]
えぇ、喜んで！

Oui, bien sûr !
[ウィ、ビヤン・スュル]
えぇ、もちろん！

どっちでもいい

Oui, si tu veux.
[ウィ、スィ・テュ・ヴ]
えぇ、そうしたいなら。

可能性はある

Oui, peut-être.
[ウィ、プテトル]
えぇ、たぶんね。

ノリ気がなければ

Non, je ne crois pas.
[ノン、ジュ・ヌ・クロワ・パ]
いいえ、そうは思わないわ。

返事にもニュアンスをつけて返すことができます。とは言っても一番下以外は、承諾の返事です。一番下の例文は、かなり冷たい断り方。でも、相手によっては、そんなつれない返事をする女性を、逆に追いかけたくなる人もいるかも！

次のステップに進むために
「連絡先教えて」

> Donne-moi ton numéro.
> [ドヌ・モワ・トン・ニュメロ]
> 電話番号を教えて。
>
>
> Tu peux me donner ton adresse e-mail ?
> [テュ・プ・ム・ドネ・トン・ナドレス・イーメール]
> メールアドレスを教えてくれる?
>
>
> Tu peux m'écrire tes coordonnées ?
> [テュ・プ・メクリール・テ・コルドネ]
> 連絡先を書いてくれる?

「電話番号」は "numéro de téléphone [ニュメロ・ドゥ・テレフォーヌ] (m.)" ですが、今や自宅の電話番号を教える人はいないでしょう。「携帯番号」は "numéro de portable [ニュメロ・ドゥ・ポルターブル] (m.)" ながら、"numéro [ニュメロ]" だけでも伝わります。「メールアドレス」は、"adresse e-mail [アドレス・イーメール] (f.)"、「連絡先」は常に複数形で "coordonnées [コルドネ] (f.)"。動詞 "donner [ドネ]" は「与える」です。二人称単数の活用形は "donnes" ですが、命令文では "-er" で終わる動詞の活用形の語尾にある "s" が省かれ、"Donne-moi" となることに注意。

> 喜んで教える

Tu as quelque chose pour écrire ?
[テュ・ア・ケルク・ショーズ・プール・エクリール]
何か書くものはある？

Tu as un stylo ?
[テュ・ア・アン・スティロ]
ペンを持っている？

連絡先を教えるなら、現実的に書くものが必要。もちろん、携帯に直接入力してしまう人もいますが、まだまだみんな、結構アナログだったりします。相手の連絡先を聞く時にも、必要ですね。フランスの携帯番号は基本的に06始まり。電話番号の言い方は、06 33 64 89 52 [ゼロ・スィス／トラント・トロワ／ソワサント・カトル／カトルヴァン・ヌフ／サンカント・ドゥー] と、2ケタずつ読み上げます。

> 教えるのがイヤなら

Je préfère plutôt t'appeler moi-même.
[ジュ・プレフェール・プリュト・タプレ・モワ・メム]
むしろ私自身が電話する方がいいな。

Tu peux me donner le tien ?
[テュ・プ・ム・ドネ・ル・ティヤン]
君のを教えてくれる？

連絡先を教えるのが嫌でも、なかなか「イヤ」とは言えないもの。相手の連絡先を聞いておけば、連絡するかしないかはこちらの気分次第。また、連絡が来るのを待っているのが嫌な人は、聞いてしまう方が早いでしょう。"le tien [ル・ティヤン]" は、所有代名詞で「君のもの」という意味です。ここでは「君の電話番号」"ton numéro [トン・ニュメロ]" を指しています。

次のステップに進むために「連絡先教えて」

> **自分から教えちゃう**
>
> ## Je te donne mon numéro.
> [ジュ・トゥ・ドヌ・モン・ニュメロ]
> 電話番号をあげるわ。
>
> ## Tu peux m'appeler ?
> [テュ・プ・マプレ]
> 電話してくれる?

電話番号を教えることに抵抗があるならば、「私のメールアドレス」"mon adresse e-mail [モン・ナドレス・イーメール]" を教えてもいいのです。

> **連絡するね**
>
> ## Je t'appelle ce week-end.
> [ジュ・タペル・ス・ウィーケンド]
> 今週末に電話するよ。
>
> ## Je t'envoie un e-mail.
> [ジュ・タンヴォワ・アン・ニーメール]
> メールを送るね。
>
> ## On s'appelle !
> [オン・サペール]
> 連絡し合おうね!

相手が本気ならばともかく、ノリで話してしまうフランス人のこと、こちらが真面目に連絡を待っていても、来ない場合もあります。さらにパリでは「連絡し合おう」は、ただのあいさつ言葉だったりすることも。いくら連絡先を教えたといっても、本当に連絡が来るか来ないか、半々ぐらいの気持ちで待っていた方が無難です。

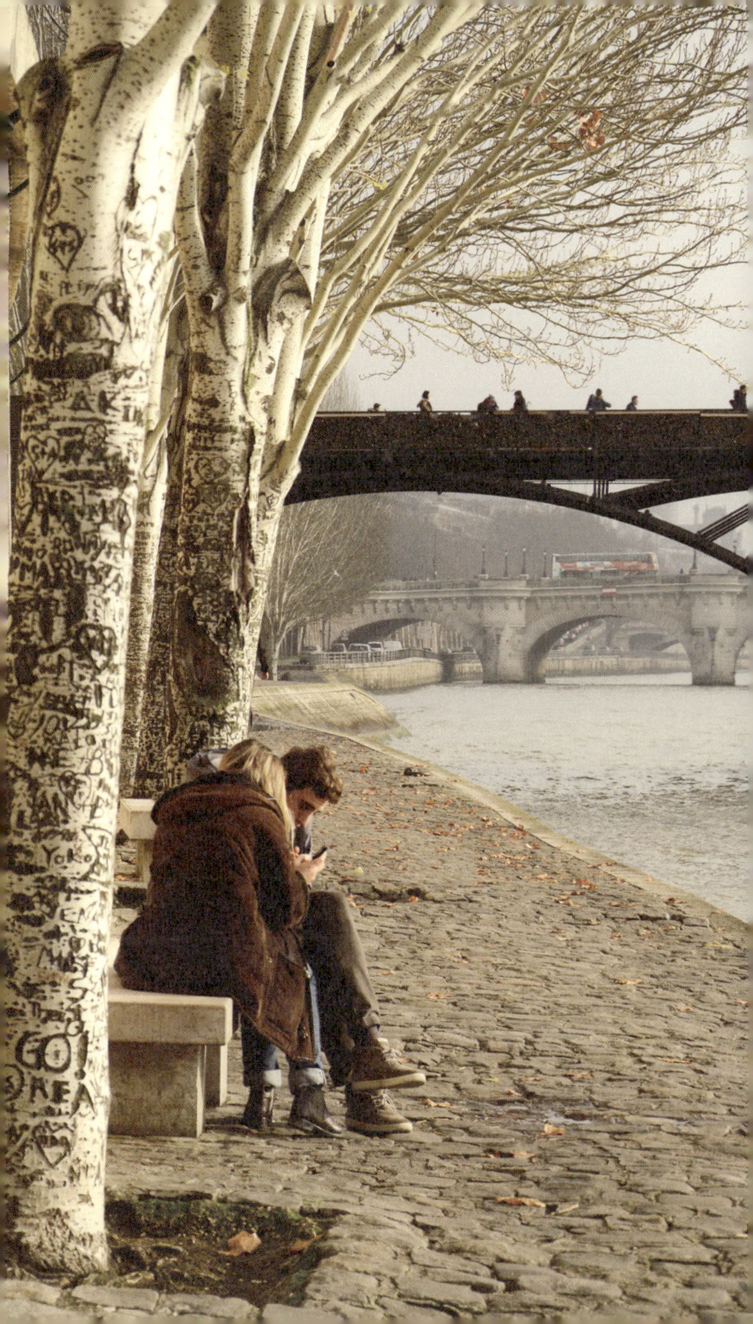

PARTIE 3

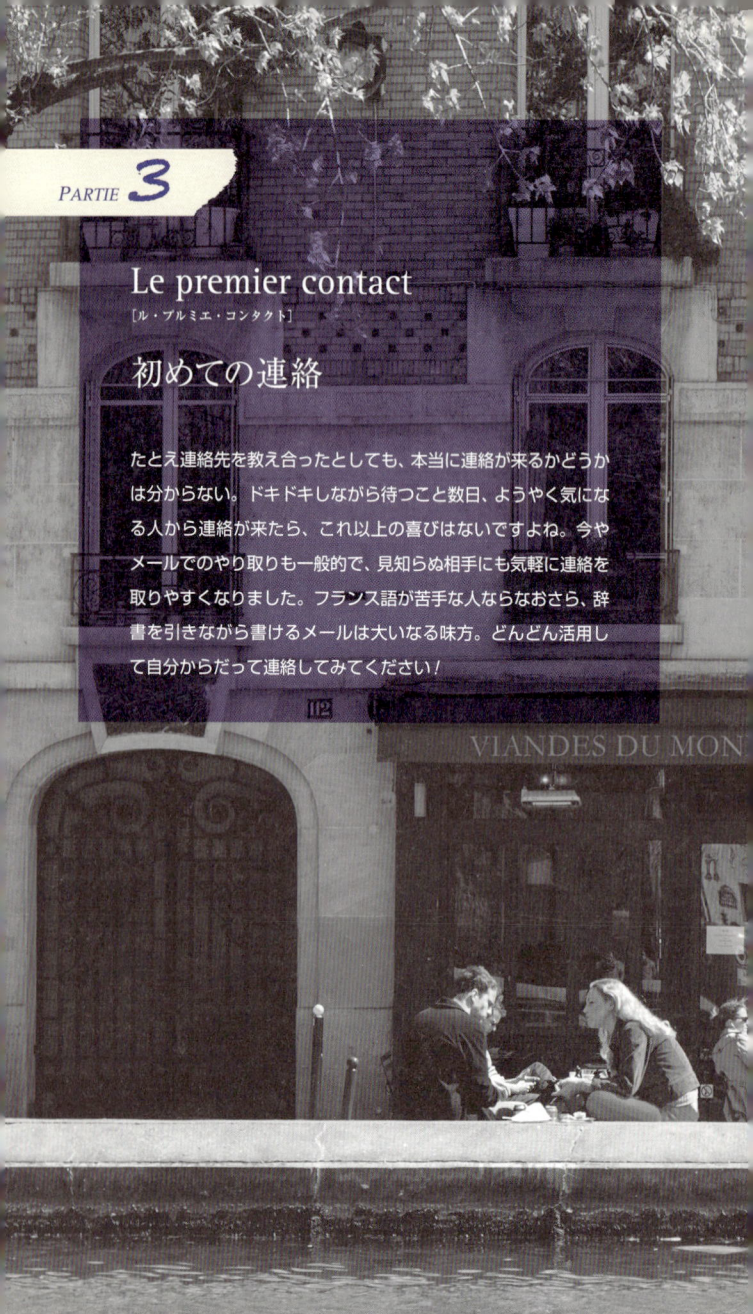

Le premier contact
[ル・プルミエ・コンタクト]

初めての連絡

たとえ連絡先を教え合ったとしても、本当に連絡が来るかどうかは分からない。ドキドキしながら待つこと数日、ようやく気になる人から連絡が来たら、これ以上の喜びはないですよね。今やメールでのやり取りも一般的で、見知らぬ相手にも気軽に連絡を取りやすくなりました。フランス語が苦手な人ならなおさら、辞書を引きながら書けるメールは大いなる味方。どんどん活用して自分からだって連絡してみてください！

さあ、連絡が来た！
「もしもし」

Allo.
[アロー]
もしもし。

C'est Satomi ?
[セ・サトミ]
サトミですか？

Oui, elle-même.
[ウィ、エル・メム]
えぇ、本人です。

現在は携帯電話で連絡を取るのが一般的なため、携帯でのやり取りを紹介します。初めて電話を掛ける時は、相手が誰なのかを確認しなくてはいけません。その返事は"elle-même [エル・メム]"と三人称で答えることに注意。相手が男性の場合は、"lui-même [リュィ・メム]"となります。

C'est Fabien que tu as rencontré chez Catherine.
[セ・ファビヤン・ク・テュ・ア・ランコントレ・シェ・カトリーヌ]
カトリーヌの家で出会ったファビヤンだけど。

さあ、連絡が来た！「もしもし」

> ## Je ne te dérange pas ?
> [ジュ・ヌ・トゥ・デランジュ・パ]
> 邪魔じゃない？

これも一般的な問いかけ。相手の状況が見えない電話では、こんな風に気遣う言葉も必要です。動詞 "déranger [デランジェ]" は「邪魔する」。

問題がない場合

> ## Non, pas du tout.
> [ノン、パ・デュ・トゥー]
> いいえ、まったく。
>
> ## Non, pas de problème.
> [ノン、パ・ドゥ・プロブレム]
> いいえ、問題ないわ。

一番目の返事は、"Tu ne me déranges pas du tout. [テュ・ヌ・ム・デランジュ・パ・デュ・トゥー]（まったく邪魔していないわ）" の略で、"du tout [デュ・トゥー]" は否定の強調です。2番目は "Il n'y a pas de problème. [イル・ニヤ・パ・ドゥ・プロブレム]（問題はないわ）" の略です。こんなに短く答えることが可能なのです。

> 問題がある場合

Je suis au travail.
[ジュ・スュイ・ゾ・トラヴァイユ]
仕事中なの。

Je suis maintenant occupée.
[ジュ・スュイ・マントナン・オキュペ]
今、忙しいの。

Tu peux me rappeler ce soir ?
[テュ・プ・ム・ラプレ・ス・ソワール]
今晩掛け直してくれる？

Je te rappelle plus tard.
[ジュ・トゥ・ラペール・プリュ・タール]
後で掛け直すわ。

「再度電話する」は動詞 "rappeler [ラプレ]" で、掛け直すことをお願いしたり、自分から掛け直すとも言えます。

会わないと始まらない
「デートしよう」

Je t'appelle parce que j'ai deux billets de cinéma.
[ジュ・タペール・パルス・ク・ジェ・ドゥー・ビエ・ドゥ・シネマ]
電話したのは、映画のチケットが2枚あるからなんだ。

Si tu aimes le cinéma, on va le voir ensemble ?
[スィ・テュ・エム・ル・シネマ、オン・ヴァ・ル・ヴォワール・アンサンブル]
もし映画が好きなら、一緒に見に行かない?

電話をして来たからには、何かしらの要件があるはず。たいてい、"parce que [パルス・ク] (なぜならば)"で、電話をした理由を話したりします。今回の場合は、やはりデートのお誘いでしょう!

> ノリノリなら

C'est sympa !
[セ・サンパ]
いいね！

J'adore le cinéma.
[ジャドール・ル・シネマ]
映画が大好きよ。

> 場合によってなら

Ça dépend du film.
[サ・デポン・デュ・フィルム]
映画によりけりね。

Je n'aime pas les films tristes.
[ジュ・ネム・パ・レ・フィルム・トゥリスト]
悲しい映画は嫌いよ。

> 断る場合

Désolée, je n'aime pas le cinéma.
[デゾレ、ジュ・ネム・パ・ル・シネマ]
悪いけれど、映画が嫌いなの。

Propose-le à quelqu'un d'autre.
[プロポズ・ル・ア・ケルカン・ドートル]
他の人を誘って。

映画が嫌いという人はなかなかいないだろうし、だからこそ初デートの行き先として多い映画館ながら、嫌ならばきっぱり断って正解。他のことでも同様です。しかし、最初からこのような状態では、あまり2人に未来はないかも？？？

会わないと始まらない「デートしよう」

デートに行きたい場所あれこれ

美術館、博物館　musée [ムゼ] (m.)
展覧会　exposition [エクスポズィシィヨン] (f.)
展覧会の初日イベント　vernissage [ヴェルニサージュ] (m.)

コンサート　concert [コンセール] (m.)
ショー　spectacle [スペクタクル] (m.)
劇場　théâtre [テアトル] (m.)

サーカス　cirque [スィルク] (m.)
動物園　zoo [ゾー] (m.)
水族館　aquarium [アクアリオム] (m.)
公園　parc [パルク] (m.)
庭園　jardin [ジャルダン] (m.)

見本市、フェア　Salon [サロン] (m.)
見本市、移動遊園地　foire [フォワール] (f.)
蚤の市　marché aux puces [マルシェ・オー・ピュース] (m.)
フリーマーケット　vide-grenier [ヴィッド・グルニエ] (m.)
クリスマスマーケット　marché de Noël [マルシェ・ドゥ・ノエル] (m.)

カフェ　café [カフェ] (m.)
レストラン　restaurant [レストラン] (m.)
バー　bar [バー] (m.)
クラブ　boîte de nuit [ボワット・ドゥ・ニュイ] (f.)
パーティー　fête [フェット] (f.)

Tu veux aller où ?
[テュ・ヴ・アレ・ウ]
どこに行きたい？

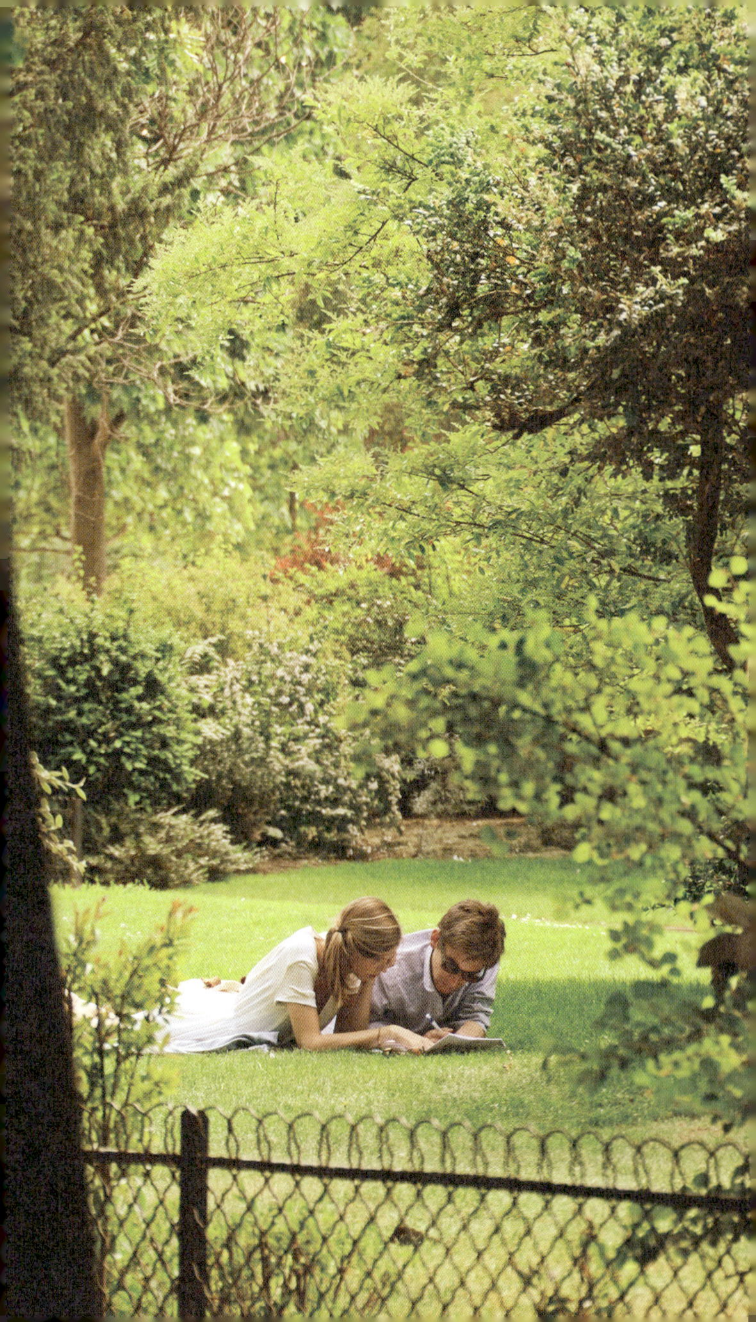

約束の日にちは
「いつ?」

Tu es libre quand ?
[テュ・エ・リーブル・カン]
いつ空いているの?

Tu es dispo quand ?
[テュ・エ・ディスポ・カン]
いつ空いている?

On peut se voir quand ?
[オン・プ・ス・ヴォワール・カン]
いつ会える?

On va quand au cinéma ?
[オン・ヴァ・カン・オ・シネマ]
いつ映画館に行く?

行くと決まったならば、会う日にちを決めなくてはいけません。「空いている」は、形容詞の"libre [リーブル]"、"disponible [ディスポニーブル] (略して dispo)"を使います。

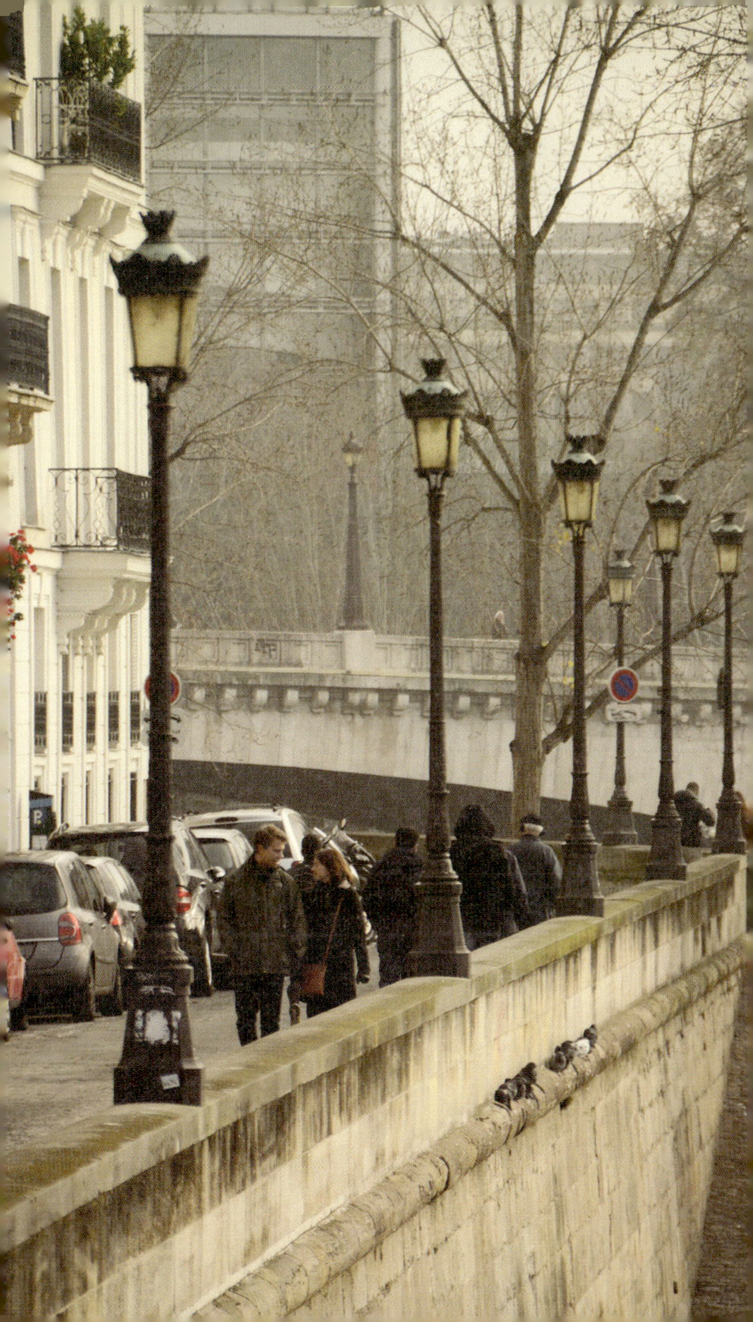

約束の日にちは「いつ?」

予定が分かっているなら

Je suis libre demain soir.
[ジュ・スュイ・リーブル・ドゥマン・ソワール]
明日の晩が空いているわ。

Je ne travaille pas le week-end.
[ジュ・ヌ・トラヴァイユ・パ・ル・ウィーケンド]
週末は働かないわ。

Je préfère un soir dans la semaine.
[ジュ・プレフェル・アン・ソワール・ダン・ラ・スメーヌ]
平日の夜がいいな。

Par exemple le jeudi soir, ça te va?
[パー・レグザンプル・ル・ジュディ・ソワール、サ・トゥ・ヴァ]
例えば木曜夜はどう?

Sinon, ce vendredi soir est possible.
[スィノン、ス・ヴァンドルディ・ソワール・エ・ポスィブル]
さもなければ、今週金曜夜は可能よ。

動詞 "préférer [プレフェレ]" は「〜の方を好む」です。"Ça te va? [サ・トゥ・ヴァ]" で「都合がいい?」と聞くことができます。近日の表現 (→ P.066) に指示形容詞 "ce [ス]"、"cette [セット]" をつけると「次の」、「今週の」という意味になります。

はっきりしないなら

Peut-être samedi prochain.
[プテトル・サムディ・プロシャン]
たぶん次の土曜日かな。

Je ne sais pas encore.
[ジュ・ヌ・セ・パ・ザンコール]
まだ分からないわ。

Quand je le saurai, je t'appellerai.
[カン・ジュ・ル・ソレ、ジュ・タペルレ]
分かったら、電話するわ。

今のところ無理なら

Je suis très occupée en ce moment.
[ジュ・スュイ・トレ・ゾキュペ・アン・ス・モマン]
今のところとても忙しいの。

Quand j'aurai le temps, je t'appellerai.
[カン・ジョレ・ル・タン、ジュ・タペルレ]
時間ができたら、電話するわ。

はっきり断れないならば、上記のように適当に濁すことも可能。ただし、相手が本気ならば、向こうからまた連絡をしてくることもあります。その場合は、相手が分かるようにちゃんと断らなくてはいけません。もちろん、その気があるなら、時間がある時に電話をしてあげましょう。

約束の日にちは「いつ？」

近日の表現いろいろ

今日　aujourd'hui [オージュルデュイ]
明日　demain [ドゥマン]
明後日　après-demain [アプレ・ドゥマン]

朝　matin [マタン] (m.)
昼　midi [ミディ] (m.)
午後　après-midi [アプレ・ミディ] (m./f.)
夕方　soir [ソワール] (m.)
夜　nuit [ニュイ] (f.)

月曜日　lundi [ランディ] (m.)
火曜日　mardi [マルディ] (m.)
水曜日　mercredi [メルクルディ] (m.)
木曜日　jeudi [ジュディ] (m.)
金曜日　vendredi [ヴァンドルディ] (m.)
土曜日　samedi [サムディ] (m.)
日曜日　dimanche [ディマンシュ] (m.)

平日　semaine [スメーヌ] (f.)
週末　week-end [ウィーケンド] (m.)
祝日　jour férié [ジュール・フェリエ] (m.)

今週　cette semaine [セット・スメーヌ]
今週末　ce week-end [ス・ウィーケンド]
次の週末　le week-end prochain [ル・ウィーケンド・プロシャン]
来週　la semaine prochaine [ラ・スメーヌ・プロシェーヌ]
再来週　la semaine d'après [ラ・スメーヌ・ダプレ]

C'est quelle date ?
[セ・ケル・ダット]
それは何日？

C'est le 13 septembre.
[セ・ル・トレーズ・セプタンブル]
9月13日よ。

C'est quel jour ?
[セ・ケル・ジュール]
それは何曜日？

C'est mardi.
[セ・マルディ]
火曜日よ。

On est quel jour ?
[オネ・ケル・ジュール]
今日は何曜日だっけ？

On est mercredi.
[オネ・メルクルディ]
水曜日よ。

日にちで話していて、曜日を聞きたい場合や、曜日で話していて日にちを聞きたい場合もあります。日にちと曜日の聞き方の違いに注意して。日にちの言い方は、ある日を限定することになるため、定冠詞"le [ル]"をつけます（→P.101）。

約束の場所は

「どこ?」

> On se voit où ?
> [オン・ス・ヴォワ・ウ]
> どこで会う?
>
> On se retrouve où ?
> [オン・ス・ルトルヴ・ウ]
> どこで会う?

代名動詞 "se voir [ス・ヴォワール]" は「会う」、"se retrouver [ス・ルトルヴェ]" は「再会する」です。

> On se voit devant le cinéma.
> [オン・ス・ヴォワ・ドゥヴァン・ル・シネマ]
> 映画館の前で会おう。
>
> On se retrouve à la bouche de métro Saint-Paul.
> [オン・ス・ルトルヴ・ア・ラ・ブーシュ・ドゥ・メトロ・サン・ポール]
> サン・ポール駅の出口で会おう。

返事も同じ代名動詞を使って答えます。続けて待ち合わせの場所を言いますが、さまざまな前置詞が出てきますのでご注意を (→ P.071)。

Tu sais où il est ?
[テュ・セ・ウ・イレ]
どこにあるか知っている？

Tu sais où elle est ?
[テュ・セ・ウ・エレ]
どこにあるか知っている？

Tu sais où c'est ?
[テュ・セ・ウ・セ]
どこにあるか知っている？

場所を知っている

Oui, je le sais.
[ウイ、ジュ・ル・セ]
ええ、知っているわ。

「知っている」は動詞"savoir [サヴォワール]"。その場所を指す主語人称代名詞は、指すものが男性名詞か女性名詞によって変わります。例えば、男性名詞の"le cinéma"を指すならば"il est[イレ]"、女性名詞の"la bouche de métro"を指すならば"elle est[エレ]"という風に。どちらでも使える指示代名詞"c'est [セ]"を使うこともできます。

069

約束の場所は「どこ?」

場所が分からない

Non, je ne sais pas.
[ノン・ジュ・ヌ・セ・パ]
いいえ、知らないわ。

Je ne sais pas où elle est.
[ジュ・ヌ・セ・パ・ウ・エレ]
どこにあるのか分からないわ。

場所を説明する

Il est en face de la poste.
[イレ・タン・ファス・ドゥ・ラ・ポスト]
郵便局の向かいだよ。

Elle se trouve dans la rue Saint-Antoine.
[エル・ス・トルーヴ・ダン・ラ・リュ・サン・タントワンヌ]
サン・タントワンヌ通りにあるよ。

C'est à côté du supermarché.
[セ・タ・コテ・デュ・スーペルマルシェ]
スーパーの隣だよ。

この場合も指す場所が男性名詞か女性名詞かで、主語人称代名詞は変わります。代名動詞 "se trouver [ス・トルヴェ]" は「〜にある」という意味。パリの通りにはすべて名前がついているので、通りの名前を言うことも多いです。番地は道を挟んで奇数側と偶数側に分かれているため、住所が分かれば目的地にたどり着くのはラクラク。

場所の前置詞いろいろ

～の前で　devant ～[ドゥヴァン]
～の向かい　en face de ～[アン・ファス・ドゥ]
～の隣　à côté de ～[ア・コテ・ドゥ]
～の左側　au côté gauche de ～[オ・コテ・ゴーシュ・ドゥ]
～の右側　au côté droit de ～[オ・コテ・ドロワ・ドゥ]
～の近く　près de ～[プレ・ドゥ]
～の角　à l'angle de ～[ア・ラングル・ドゥ]
～の端　au bout de ～[オ・ブー・ドゥ]
～駅の地下鉄の出口で　à la bouche de métro ～[ア・ラ・ブーシュ・ドゥ・メトロ]
～の入り口で　à l'entrée de ～[ア・ラントレ・ドゥ]
～の出口で　à la sortie de ～[ア・ラ・ソルティ・ドゥ]
～通りで　dans la rue ～[ダン・ラ・リュ]
～広場で　à la place de ～[ア・ラ・プラス・ドゥ]
～河岸通りで　sur le quai ～[スュル・ル・ケ]

約束の場所は「どこ？」

待ち合わせの目印となるあれこれ

実際には、具体的な駅名やスーパーの名前などで話しますが、ここでは一般的な目印となる単語をあげておきます。

駅　gare [ガール] (f.)

地下鉄の駅　station de métro [スタスィヨン・ドゥ・メトロ] (f.)

バス停　arrêt de bus [アレ・ドゥ・ビュス] (m.)

郵便局　poste [ポスト] (f.)

区役所　mairie [メリー] (f.)

銀行　banque [バンク] (f.)

病院　hôpital [オピタル] (m.)

学校　école [エコール] (f.)

教会　église [エグリーズ] (f.)

デパート　grand magasin [グラン・マガザン] (m.)

スーパー　supermarché [スュペルマルシェ] (m.)

アラブ人経営の食料品店　épicerie arabe [エピスリー・アラブ] (f.)

アーケード　passage couvert [パサージュ・クーヴェル] (m.)

橋　pont [ポン] (m.)

交差点　carrefour [カルフール] (m.)

墓地　cimetière [シミティエール] (m.)

庭園　jardin [ジャルダン] (m.)

公園　parc [パルク] (m.)

小公園　square [スクアル] (m.)

売店　kiosque [キオスク] (m.)

像　statue [スタテュ] (f.)

噴水　fontaine [フォンテーヌ] (f.)

約束の時間は

「何時？」

> **On se voit à quelle heure ?**
> [オン・ス・ヴォワ・ア・ケルゥール]
> 何時に会う？
>
> **Tu préfères à quelle heure ?**
> [テュ・プレフェール・ア・ケルゥール]
> 何時がいい？

「何時に？」は"à quelle heure [ア・ケルゥール]"を使います。また、「〜時に」と言う時も数値の前に前置詞"à [ア]"をつけます。

> 〜時がいい
>
> **On se retrouve à 16h là-bas ?**
> [オン・ス・ルトルヴ・ア・セーズゥール・ラバ]
> 16時にそこで会おうか？
>
> **Je préfère à 15h.**
> [ジュ・プレフェール・ア・カンズゥール]
> 15時がいいな。

"là-bas [ラ・バ]"は「そこで」という意味で、今回の場合は待ち合わせの場所を指していますね。

約束の時間は「何時?」

> 都合がよければ

D'accord !
[ダコール]
了解!

C'est parfait !
[セ・パルフェ]
バッチリよ!

Ça marche !
[サ・マルシュ]
OK!

すべて了解の返事です。

> 何時でもいい

Comme tu veux.
[コム・テュ・ヴ]
お好きなように。

Ça m'est égal.
[サ・メ・テガル]
何でもいいよ。

形容詞 "égal(e) [エガル]" は「等しい」という意味で、「私にとっては同じこと」というニュアンスです。これらの言葉は時間だけでなく、いろんな返事に使えます。

> 都合が悪ければ

Je travaille jusqu'à 18h ce jour-là.
[ジュ・トラヴァイユ・ジュスカ・ディズュイットゥール・ス・ジュール・ラ]
その日は18時まで働いているの。

Je préfère plus tard.
[ジュ・プレフェール・プリュ・タール]
もっと遅くがいいな。

J'ai un rendez-vous ce soir-là.
[ジェ・アン・ランデヴ・ス・ソワール・ラ]
その晩に約束があるの。

On peut se voir plus tôt ?
[オン・プ・ス・ヴォワール・プリュ・トー]
もっと早くに会えない?

「その日」"ce jour-là [ス・ジュール・ラ]"、「その晩」"ce soir-là [ス・ソワール・ラ]" などで、話題に上った時を指すことができます。「もっと遅く」は "plus tard [プリュ・タール]"、「もっと早く」は "plus tôt [プリュ・トー]"。

約束の時間は「何時？」

時間の表現いろいろ

「〜時に」は "à + 数詞 + heure(s) [ア・〜・ウール]" です。数詞の後ろがリエゾンやアンシェヌマンすることに注意しましょう。数詞は12時間制、24時間制のどちらでも言うことができますが、12時間制の場合は、後ろに "du matin [デュ・マタン]（午前の）"、"de l'après-midi [ドゥ・ラプレ・ミディ]（午後の）"、"du soir [デュ・ソワール]（夜の）" をつけた方が明確です。「分」は "minute(s) [ミニュット]（f.）" ですが、待ち合わせの時間を言う時につけることはありません。「分」は独特な言い方をしますので、しっかり覚えましょう。

〈30分〉

et demi [エ・ドゥミ]（"et" がつくことに注意）
朝の8時半 huit heures et demi du matin [ユイットゥール・エ・ドゥミ・デュ・マタン]

trente [トラント]
夜の8時30分 huit heures trente du soir [ユイットゥール・トラント・デュ・ソワール]

〈15分〉

et quart [エ・カール]
13時15分 treize heures et quart [トレーズゥール・エ・カール]

un quart [アン・カール]
朝の9時15分 neuf heures un quart du matin [ヌヴール・アン・カール・デュ・マタン]

〈45分〉

moins le quart [モワン・ル・カール]
18時45分（19時15分前と言う）
    dix-neuf heures moins le quart [ディズ・ヌヴール・モワン・ル・カール]

1時 une heure [ユン・ヌール]
2時 deux heures [ドゥズール]
3時 trois heures [トロワズュール]
4時 quatre heures [カトルゥール]
5時 cinq heures [サンクゥール]
6時 six heures [スィズゥール]
7時 sept heures [セットゥール]
8時 huit heures [ユイットゥール]
9時 neuf heures [ヌヴール]
10時 dix heures [ディズゥール]
11時 onze heures [オンズゥール]
12時 midi [ミディ] (*m.*)
13時 treize heures [トレーズゥール]
14時 quatorze heures [カトルズゥール]
15時 quinze heures [カーンズゥール]
16時 seize heures [セーズゥール]
17時 dix-sept heures [ディセットゥール]
18時 dix-huit heures [ディズユイットゥール]
19時 dix-neuf heures [ディズ・ヌヴール]
20時 vingt heures [ヴァントゥール]
21時 vingt-et-une heures [ヴァンテ・ユンヌール]
22時 vingt-deux heures [ヴァント・ドゥズール]
23時 vingt-trois heures [ヴァント・トロワズゥール]
24時 vingt-quatre heures [ヴァント・カトルゥール]、minuit [ミニュイ] (*m.*)

一番手っ取り早い方法
「メールで連絡する」

まだフランス語に不慣れだったり、電話の聞き取りに自信がない場合は、メールでやり取りした方が確実でしょう。メールの書き方には基本的な決まりがあるけれど、友達とならば細かく気にしなくても大丈夫。以下で紹介するのは、友達同士の場合です。約束場所や時間を確認するのにも、もってこい！

① メールの始まりは、やはり宛名から。男性へのメールの場合は "Cher [シェール] ＋相手の名前"、女性への場合は "Chère [シェール] ＋相手の名前" から始め、","で行替えをします。ただし、一般的なメールの書き出しは "Cher 〜" よりも、"Bonjour 〜" の方がよく使われます(人による)。夕方以降ならば、"Bonsoir" にしても可能。また気軽な話し言葉の "Salut" もアリです。

② メールの末尾は大抵、決まり文句を入れます。友達同士ならば「親しみを込めて」"Amicalement [アミカルマン]"、またはどうしても返事が欲しい時などには「返事を待ちつつ」"Dans l'attente de ta réponse [ダン・ラタント・ドゥ・タ・レポンス]" とも。末尾の文句の後も "," を入れます。

③ 最後は自分の名前を明記して、メールの終わりを示します。恋人同士になったら、名前の代わりにお互いの愛称(→P.143)を文頭に持って来たり、所有形容詞 "Ton [トン]、Ta [タ]" の後に自分の名前や愛称を入れて、「君の〜」と文末に入れることもできます。

Chère Satomi,
[シェール・サトミ]
親愛なるサトミへ

C'est Fabien que tu as rencontré dans le métro.
[セ・ファビヤン・ク・テュ・ア・ランコントレ・ダン・ル・メトロ]
地下鉄で出会ったファビヤンです。

C'était une bonne surprise.
[セテ・ユンヌ・ボンヌ・スュルプリーズ]
あれはうれしい驚きでした。

Parce que quand on s'est rencontrés chez Catherine, je voulais parler plus avec toi.
[パルス・ク・カン・トン・セ・ランコントレ・シェ・カトリーヌ、ジュ・ヴレ・パルレ・プリュス・アヴェク・トワ]
なぜならば、カトリーヌの家で出会った時、君ともっと話したかったから。

Est-ce qu'on se voit ce samedi ?
[エス・コン・ス・ヴォワ・ス・サムディ]
次の土曜日に会えるかな？

Si tu veux bien, on va au cinéma ?
[スィ・テュ・ヴ・ビヤン、オン・ヴァ・オ・シネマ]
よければ、映画館に行かないか？

Car j'ai deux billets d'avant-première.
[カール・ジェ・ドゥー・ビエ・ダヴァン・プルミエール]
なぜなら試写会の券が2枚あるんだ。

Dans l'attente de ta réponse,
[ダン・ラタント・ドゥ・タ・レポンス]
返事を待ちつつ

Fabien
[ファビヤン]
ファビヤン

一番手っ取り早い方法「メールで連絡する」

Bonjour Fabien, ❶
[ボンジュール・ファビヤン]
こんにちは、ファビヤン

Merci de ton email. ❹
[メルスィ・ドゥ・トン・ニーメイル]
メールをありがとう。

Je suis désolée tout à l'heure au téléphone, j'étais vraiment occupée.
[ジュ・スュイ・デゾレ・トゥー・タ・ルール・オ・テレフォヌ、ジェテ・ヴレマン・オキュペ]
さっき電話ではごめんね、とても忙しかったものだから。

Aucun problème pour se voir ce samedi.
[オカン・プロブレム・プール・ス・ヴォワール・ス・サムディ]
次の土曜日に会うのはまったく問題ないわ。

On va au cinéma avec plaisir !
[オン・ヴァ・オ・シネマ・アヴェク・プレズィール]
喜んで映画館に行きましょう！

Dis-moi à quelle heure et où je dois venir.
[ディ・モワ・ア・ケルゥール・エ・ウ・ジュ・ドワ・ヴニール]
何時に、どこへ行けばいいのか教えてね。

Amicalement, ❷
[アミカルマン]
親しみを込めて

Satomi ❸
[サトミ]
サトミ

Bonsoir Satomi, ❶
[ボンソワール・サトミ]
こんばんは、サトミ

Merci de ta réponse. ❹
[メルスィ・ドゥ・タ・レポンス]
返事をありがとう。

On va se retrouver à la bouche de métro Bastille ?
[オン・ヴァ・ス・ルトルヴェ・ア・ラ・ブーシュ・ドゥ・メトロ・バスティーユ]
バスティーユ駅の地下鉄出口で待ち合わせしないか？

On va au café avant le film.
[オン・ヴァ・オ・カフェ・アヴァン・ル・フィルム]
映画の前にカフェに行こう。

A 15h, ça te convient ? ❺
[ア・カンズゥール、サ・トゥ・コンヴィヤン]
15時でどうかな？

Je te souhaite une bonne soirée ! ❼
[ジュ・トゥ・スエット・ユンヌ・ボンヌ・ソワレ]
よい晩を！

Fabien ❸
[ファビヤン]
ファビヤン

081

一番手っ取り早い方法「メールで連絡する」

Salut Fabien, ①
[サリュ・ファビヤン]
どうも、ファビヤン

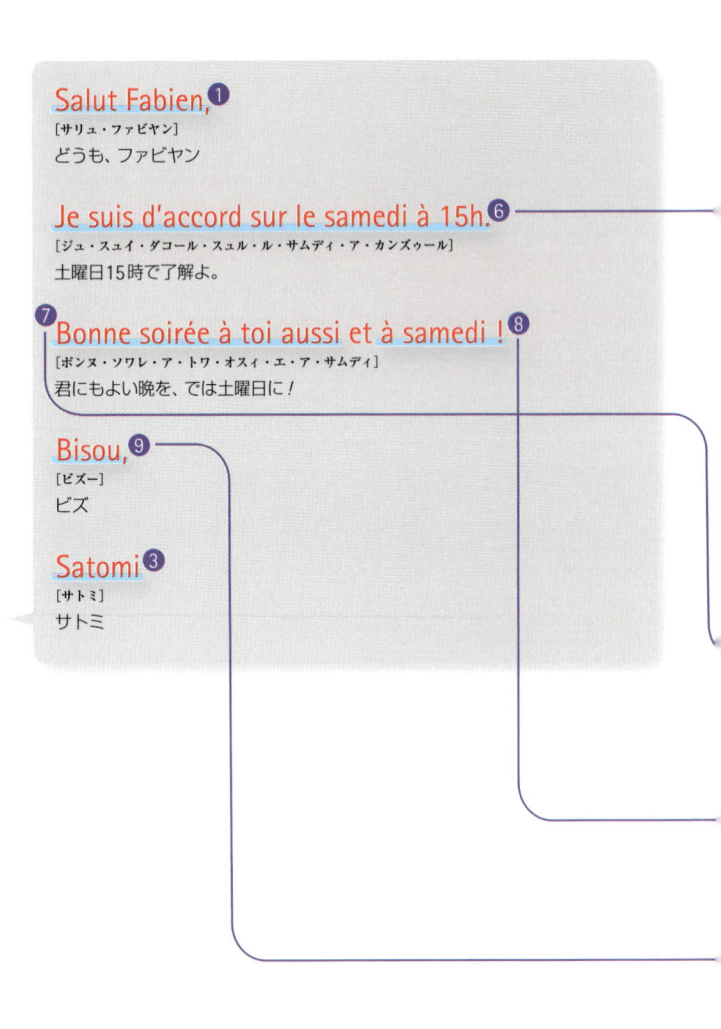

Je suis d'accord sur le samedi à 15h. ⑥
[ジュ・スュイ・ダコール・スュル・ル・サムディ・ア・カンズゥール]
土曜日15時で了解よ。

⑦ Bonne soirée à toi aussi et à samedi ! ⑧
[ボンヌ・ソワレ・ア・トワ・オスィ・エ・ア・サムディ]
君にもよい晩を、では土曜日に！

Bisou, ⑨
[ビズー]
ビズ

Satomi ③
[サトミ]
サトミ

④ "Merci de 〜[メルスィ・ドゥ]"や"Merci pour 〜[メルスィ・プール]"で「〜をありがとう」と言ったお礼の言葉になります。"Merci de ton emai.[メルスィ・ドゥ・トン・ニーメィル]"や"Merci de ta réponse.[メルスィ・ドゥ・タ・レポンス]"はお決まりの言葉。デートの後に、「昨日はありがとう」"Merci pour hier.[メルスィ・プール・イエール]"とか、「映画をありがとう」"Merci pour le cinéma.[メルスィ・プール・ル・シネマ]"などと書くことも。

⑤ 動詞"convenir[コンヴニール]"は「都合がいい」という意味で、相手の都合を聞くときによく使う言い方です。"Ça te va?[サ・トゥ・ヴァ]"とも。

⑥ 「〜について了解」"Je suis d'accord sur 〜[ジュ・スュィ・ダコール・スュル]"または略して"D'accord sur 〜"と書くことも。相手に日にちや時間を再確認するためにも、約束の日を入れた方が確実です。

⑦ 親しい友達や、何度もメールでやり取りをしている場合は、末尾に普段のあいさつを持って来ることもできます。"!"もお好みで。また、相手に同じ言葉を返すには"à toi aussi[ア・トワ・オスィ]"とつけます。

⑧ 約束がある場合はその曜日を入れたり、約束がなければ「またね」"A bientôt.[ア・ビャント]"、「またすぐに」"A très bientôt.[ア・トレ・ビャント]"と書くこともできます。

⑨ 親しい友達、知人同士なら、男女を問わず、あいさつでビズをするように、メールにも"Bisou[ビズー]"と書くことができます。その他、P.113にあるような言葉も付け加えることも可能です。

PARTIE 4

Le premier rendez-vous
[ル・プルミエ・ランデヴ]

初めてのデート

初めてのデートの上、さらに1対1でフランス語を話さなくてはいけないともなると、誰もが緊張してしまうことでしょう。でも、大丈夫。1対1だからこそ、話が理解できなければ何度でも聞き返すことができるし、相手もあなたに分かるようにゆっくりと話してくれるはず。あなただって相手に伝わるようにフランス語で何とか話そうとするでしょう。だからフランス人の恋人を作ることが、フランス語上達の近道と言われるワケです！

いざ、デートの当日！
「待った？」

Salut !
[サリュ]
やあ！

Tu m'attendais ?
[テュ・マタンデ]
待った？

Non, je viens d'arriver.
[ノン、ジュ・ヴィヤン・ダリヴェ]
いいえ、今来たところ。

Tu es à l'heure.
[テュ・エ・ザ・ルール]
時間通りよ。

親しくなるにつれ、あいさつも友達同士で交わす"Salut! [サリュ]"と言ってもOK。「待つ」は動詞"attendre [アターンドル]"。フランス人は時間にルーズだとよく言われるけれど、中には几帳面な人ももちろんいます。相手の塩梅が分かってきたら、適当さ加減を合わせましょう。「時間通り」は"à l'heure [ア・ルール]"です。

いざ、デートの当日！「待った？」

遅れた場合

Je m'excuse d'être en retard !
[ジュ・メクスキューズ・デトル・アン・ルタール]
遅れてごめんなさい！

Il y avait un problème de métro.
[イリ・ヤヴェ・アン・プロブレム・ドゥ・メトロ]
地下鉄に問題があって。

Il y avait une grève SNCF.
[イリ・ヤヴェ・ユンヌ・グレーヴ・エス・エヌ・セー・エフ]
国鉄のストライキだったの。

Au moment où je sortais de mon bureau, j'ai eu un appel urgent.
[オ・モマン・ウ・ジュ・ソルテ・ドゥ・モン・ビュロー、ジェ・ウ・アン・ナペル・ユルジャン]
会社から出る時に、急ぎの電話があって。

Je me suis réveillée à 10h !
[ジュ・ム・スュイ・レヴェイエ・ア・ディズゥール]
10時に起きたの！

　遅れた理由を細かく説明する人が多いのがフランス人。たとえ自分の寝坊が遅刻の原因だったとしても、正直に話してくれるかわいい一面もあります。

答える場合

Ce n'est pas grave.
[ス・ネ・パ・グラーヴ]
たいしたことないさ。

Ça ne fait rien.
[サ・ヌ・フェ・リヤン]
どうってことないよ。

Je suis arrivé juste quelques minutes avant toi.
[ジュ・スュイ・ザリヴェ・ジュスト・ケルク・ミニュット・アヴァン・トワ]
君よりもほんの数分前に着いたんだ。

Moi aussi, j'étais en retard à cause du métro.
[モワ・オスィ、ジェテ・アン・ルタール・ア・コーズ・デュ・メトロ]
僕も、地下鉄のせいで遅れたんだ。

約束の時間に遅れた原因は、本人のみならず、交通機関が問題ということも、パリでは日常茶飯事。たいてい、そんな場合はお互いに遅れて来ることもあります。電車の故障からストライキまで、自分たちの手に負えない突発的な問題が頻繁にあるからこそ、みんな時間にルーズになってしまうのかもしれません。

いざ、デートの当日！「待った？」

SMSで送るなら

そんな時間にルーズな人たちの味方が、今や携帯電話でしょう。電話をしてしまえば早い場合もありますが、電車内にいる場合など、SMSの方が便利な場合も。話し言葉では"texto [テクスト] (*m.*)"とも。

遅れる場合

> Désolée, je suis en retard de 20mn.
> Attends-moi dans un café !
> [デゾレ、ジュ・スュイ・ザン・ルタール・ドゥ・ヴァン・ミニュット。アタン・モワ・ダン・ザン・カフェ]
> ごめん、20分遅れる。カフェで待っていて！

> Pas de problème.
> Dès que tu arrives, appelle-moi !
> [パ・ドゥ・プロブレム。デ・ク・テュ・アリーヴ、アペル・モワ]
> 問題ないよ。着いたら、電話して！

場所が見つからない場合

Je suis dans le bd. Haussmann. Mais je ne trouve pas le cinéma.

[ジュ・スュイ・ダン・ル・ブールヴァール・オスマン。メ・ジュ・ヌ・トルーヴ・パ・ル・シネマ]

オスマン大通りにいるけれど、映画館が見つからないわ。

C'est au numéro 255, à côté du Café de Paris.

[セ・ト・ニュメロ・ドゥー・サン・サンカント・サンク、ア・コテ・デュ・カフェ・ドゥ・パリ]

255番地、カフェ・ドゥ・パリの隣だよ。

Je l'ai vu ! J'arrive tout de suite !!

[ジュ・レ・ヴュ。ジャリーヴ・トゥー・ドゥ・スュイット]

見えたわ！ すぐに行きます!!

キャンセルする場合

Bonjour Fabien, je suis malade depuis ce matin. On peut décaler notre rendez-vous d'aujourd'hui ? Vraiment désolée !

[ボンジュール・ファビヤン、ジュ・スュイ・マラード・ドゥピュイ・ス・マタン。オン・プ・デカレ・ノートル・ランデヴ・ドージュルデュイ。ヴレマン・デゾレ]

こんにちは、ファビヤン。今朝から具合が悪いの。今日の約束をずらすことができるかしら？ 本当にごめんね！

Dommage, à la prochaine fois. Soigne-toi bien !

[ドマージュ、ア・ラ・プロシェーヌ・フォワ。ソワーニュ・トワ・ビヤン]

残念、また今度ね。お大事に！

友達同士のあいさつとして
「ビズする?」

On se fait la bise ?
[オン・ス・フェ・ラ・ビーズ]
ビズし合う?

On s'embrasse ?
[オン・ソンブラス]
ビズし合う?

Oui, bien sûr.
[ウィ、ビヤン・スュル]
ええ、もちろん。

フランスで普通のあいさつであるビズ "bise [ビーズ] (f.)"。お互いに頬を寄せて、口でチュッと音を立てる仕草です。地方や人によって、その回数は異なり、パリでは左右2回が一般的。初めて出会った時は握手が基本ながら、人によっては最初からビズを交わすこともあります。礼儀正しい人は、ビズをする前に上記のように聞いてくる場合も。といっても、"あいさつ" 以上の意味はありませんので、気軽に受けてあげましょう。何度も会うようになれば、出会った時、あいさつともに自然とビズを交わします。恋人同士になれば、"唇にキス" があいさつになるでしょう。

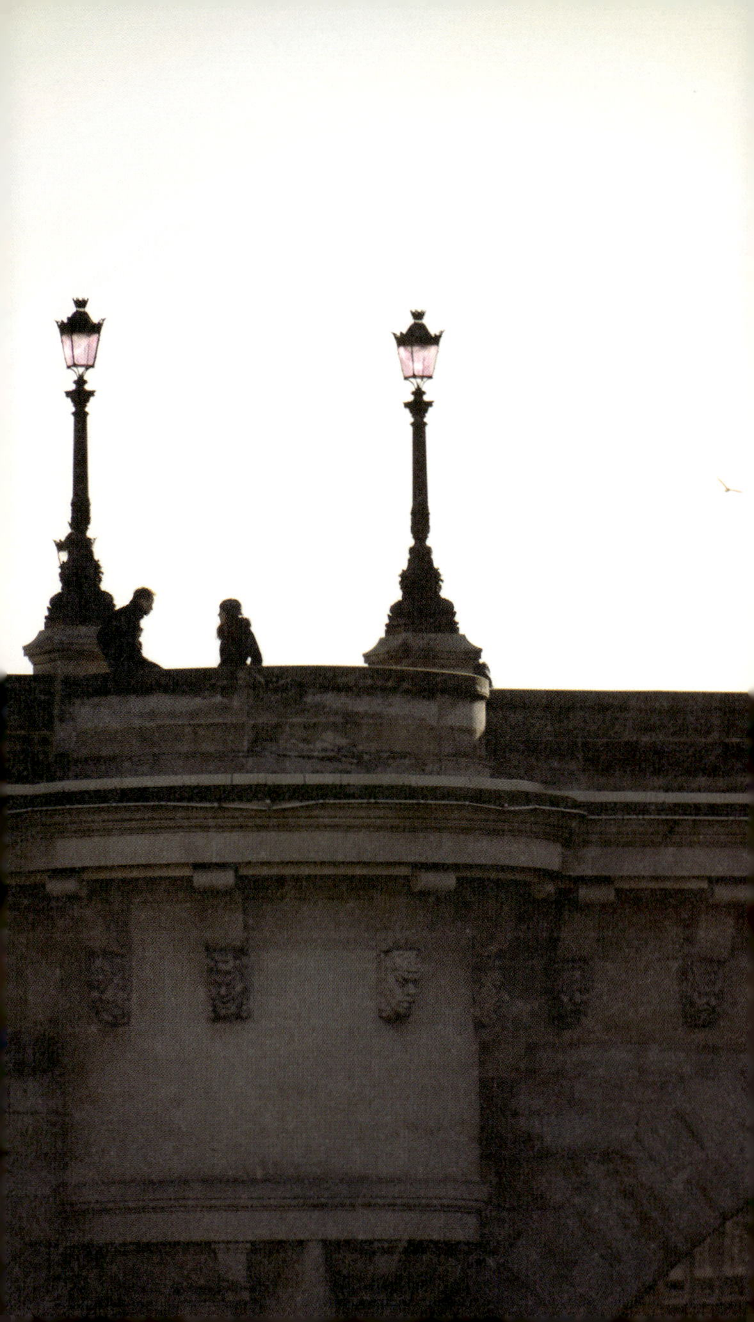

まずは無難な話題で
「天気がいいね!」

天気がよければ

Il fait beau aujourd'hui !
[イル・フェ・ボー・オージュルドュイ]
今日は天気がいいね!

Ça fait vraiment du bien !
[サ・フェ・ヴレモン・デュ・ビヤン]
本当に気持ちがいいね!

天気が悪ければ

Il fait mauvais aujourd'hui.
[イル・フェ・モーヴェ・オージュルデュイ]
今日は天気が悪いね。

Ça fait longtemps qu'on n'a pas vu le soleil.
[サ・フェ・ロンタン・コンナ・パ・ヴュ・ル・ソレイユ]
長い間、太陽を見ていないよね。

> 雨が降っていれば

Il pleut.
[イル・プリュ]
雨だね。

J'espère qu'elle va bientôt s'arrêter.
[ジェスペール・ケル・ヴァ・ビヤント・サレテ]
もうすぐ止めばいいけれど。

> 雪が降っていれば

Il neige.
[イル・ネージュ]
雪だね。

C'est rare qu'il neige à Paris.
[セ・ラール・キル・ネージェ・ア・パリ]
パリで雪なんて珍しいね。

> 風があれば

Il y a du vent.
[イリヤ・デュ・ヴァン]
風があるね。

Comme une tempête.
[コム・ユヌ・タンペット]
嵐のようね。

まずは無難な話題で「天気がいいね！」

> **暑ければ**
>
> Il fait chaud aujourd'hui.
> [イル・フェ・ショー・オージュルデュイ]
> 今日は暑いね。
>
> En plus il fait lourd.
> [アン・プリュス・イル・フェ・ルール]
> さらにうっとうしいわね。

> **寒ければ**
>
> Il fait froid aujourd'hui.
> [イル・フェ・フロワ・オージュルデュイ]
> 今日は寒いね。
>
> Ça caille.
> [サ・カイユ]
> 凍えるね。

天気の話題から話が始まるのは、どこの国でも同じ。その日の天気によっていろんな言い方ができますが、それぞれのフレーズは決まった形です。多くの文は "Il fait ～[イル・フェ]" の非人称構文を取ります。

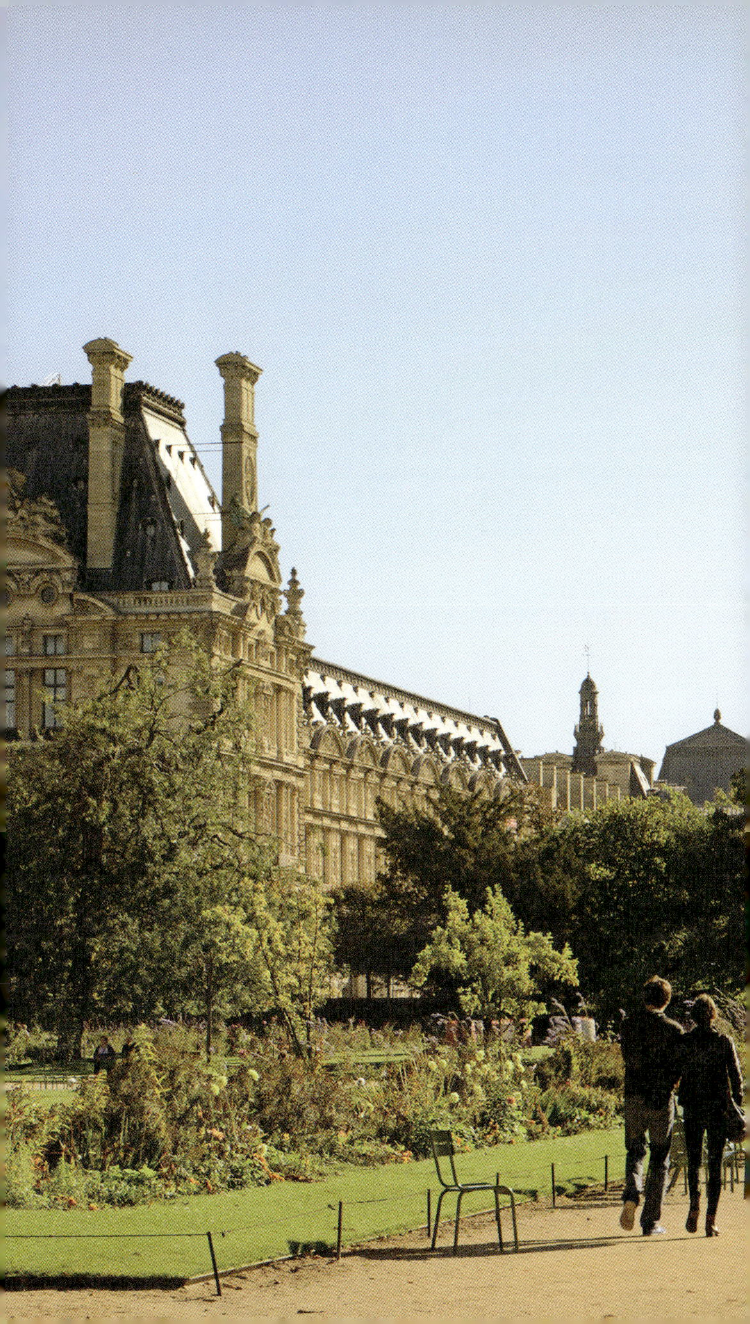

共通点を見つけよう

「好きなものは？」

> **食べ物の話**
>
> ### Tu aimes la cuisine japonaise ?
> [テュ・エム・ラ・キュイズィーヌ・ジャポネーズ]
> 日本食は好き？
>
> ### J'adore les sushis !
> [ジャドール・レ・スュシ]
> 寿司が大好きだよ！
>
> ### Je t'amène dans un bon restaurant japonais la prochaine fois.
> [ジュ・タメーヌ・ダン・ザン・ボン・レストラン・ジャポネ・ラ・プロシェーヌ・フォワ]
> 次回、おいしい日本食レストランに連れて行ってあげるわ。

食の話は、たいていの人とは盛り上がるはず。「料理」"cuisine [キュイズィーヌ] (f.)" の後ろにさまざまな国の形容詞（→ P.016の「～人」の女性名詞を小文字始まりに）をつなげれば、いろんな国の料理を言うことができます。また「～料理レストラン」となる、"restaurant ～ [レストラン] (m.)" も同様です（→ P.016の「～人」の男性名詞を小文字始まりにしてつなげる）。恋人になれば、一緒に食事をすることが多くなるため、食の好みが合うかどうかは、結構大事だったりしますよね。

> 音楽の話
>
> ## Tu écoutes quel genre de musique ?
> [テュ・エクート・ケル・ジャンル・ドゥ・ミュージック]
> どんな音楽を聞くの?
>
> ## J'aime le classique.
> [ジェム・ル・クラスィック]
> クラシックが好きよ。
>
> ## Je n'aime pas trop ça. Ça me fait dormir.
> [ジュ・ネム・パ・トロ・サ。サ・ム・フェ・ドルミール]
> 僕はあまり好きじゃないな。眠くなるよ。

すべての好みが相手と合うかは、難しいもの。特にフランス人は好みがはっきりしているため、「私(僕)は嫌い」と自己主張しても問題はありません。ま、最初はそんなこと言っていても、徐々に相手に好みが似てくるのが恋人同士だったりするもの。

ポップス pop [ポップ] (*f.*)
ロック rock [ロック] (*m.*)
ジャズ jazz [ジャズ] (*m.*)
ブルース blues [ブルース] (*m.*)
R&B R&B [エール・エン・ベー] (*m.*)
ヒップホップ hip-hop [イプ・オプ] (*m.*)
テクノ techno [テクノ] (*f.*)
レゲエ reggae [レゲエ] (*m.*)
クラシック classique [クラスィック] (*m.*)
オペラ opéra [オペラ] (*m.*)

共通点を見つけよう「好きなものは？」

スポーツの話

Tu fais du sport ?
[テュ・フェ・デュ・スポール]
スポーツはする？

Je fais du tennis chaque semaine.
[ジュ・フェ・デュ・テニス・シャック・スメーヌ]
毎週、テニスをしているよ。

Ça m'intéresse ! Tu peux m'apprendre ?
[サ・マンテレス。テュ・プ・マプラーンドル]
興味ある！私に教えてくれる？

D'accord. On va faire du tennis la semaine prochaine !
[ダコール。オン・ヴァ・フェール・デュ・テニス・ラ・スメーヌ・プロシェーヌ]
OK。来週テニスをしよう！

スポーツの単語は"faire [フェール] ＋部分冠詞"に続けると、「（スポーツ）をする」という文になります。

主なスポーツ

ジョギング　jogging [ジョギング] (*m.*)

水泳　natation [ナタスィヨン] (*f.*)

室内トレーニング　gym [ジム] (*f.*)

ダンス　danse [ダンス] (*f.*)

ヨガ　yoga [ヨガ] (*m.*)

空手　karaté [カラテ] (*m.*)

柔道　judo [ジュードー] (*m.*)

自転車　vélo [ヴェロ] (*m.*)

ローラースケート　roller [ロレール] (*m.*)

スケートボード　skateboard [スケートボード] (*m.*)

ペタンク　pétanque [ペタンク] (*f.*)

テニス　tennis [テニス] (*m.*)

バドミントン　badminton [バドミントン] (*m.*)

卓球　ping-pong [ピン・ポング] (*m.*)、tennis de table [テニス・ドゥ・ターブル] (*m.*)

サッカー　football [フットボール] (*m.*)

ラグビー　rugby [リュグビ] (*m.*)

バスケットボール　basket-ball [バスケットボール] (*m.*)

バレーボール　volley-ball [ヴォレボール] (*m.*)

スキー　ski [スキー] (*m.*)

スノーボード　snowboard [スノーボード] (*m.*)

アイススケート　patin à glace [パタン・ナ・グラス] (*m.*)

サーフィン　surf [スルフ] (*m.*)

ダイビング　plongée [プロンジェ] (*f.*)

乗馬　cheval [シュヴァル] (*m.*)、équitation [エキタスィヨン] (*f.*)

やっぱり知っておきたい
「誕生日はいつ？」

Quelle est ta date de naissance ?
[ケレ・タ・ダット・ドゥ・ネサンス]
誕生日はいつ？

C'est le 15 avril 1989.
[セ・ル・カーンズ・アヴリル・ミル・ヌフ・サン・カトル・ヴァン・ヌフ]
1989年4月15日よ。

Tu es née en quelle année ?
[テュ・エ・ネ・アン・ケラネ]
何年生まれ？

Je suis née en 1990.
[ジュ・スュイ・ネ・アン・ミル・ヌフ・サン・カトル・ヴァン・ディス]
1990年生まれよ。

Tu es née quel mois ?
[テュ・エ・ネ・ケル・モワ]
何月生まれ？

Je suis née en mars.
[ジュ・スュイ・ネ・アン・マルス]
3月生まれよ。

西暦の言い方

西暦の言い方には2通りあります。千の位と百の位を別々に言う言い方と、千の位と百の位を合わせて言う言い方です。ただし、2000年以降は別々に言う言い方のみ。

1990　mille neuf cent quatre-vingt-dix [ミル／ヌフ・サン／カトル・ヴァン・ディス]
　　　dix-neuf cent quatre-vingt-dix [ディズ・ヌフ・サン／カトル・ヴァン・ディス]
　（端数が続く場合、centに複数形のsをつけない）

2015　deux mille quinze [ドゥー・ミル／カーンズ]（milleに複数形のsをつけない）

月日の言い方

月日の言い方は日、月の順なので、お間違えなく。日にちの前には定冠詞 "le[ル]" をつけ、年をつけるならば、さらに後につけます。

1月　janvier [ジャンヴィエ] (*m.*)

2月　février [フェヴリエ] (*m.*)

3月　mars [マルス] (*m.*)

4月　avril [アヴリル] (*m.*)

5月　mai [メ] (*m.*)

6月　juin [ジュアン] (*m.*)

7月　juillet [ジュイエ] (*m.*)

8月　août [ウト] (*m.*)

9月　septembre [セプタンブル] (*m.*)

10月　octobre [オクトーブル] (*m.*)

11月　novembre [ノーヴァンブル] (*m.*)

12月　décembre [デサンブル] (*m.*)

やっぱり知っておきたい「誕生日はいつ？」

星座を聞く場合

Tu es de quel signe ?
[テュ・エ・ドゥ・ケル・スィーニュ]
星座は何？

Je suis Scorpion.
[ジュ・スュイ・スコルピオン]
さそり座よ。

星座の種類

日本同様、星座占いはフランスでも一般的。
相手との相性、運命をぜひ占ってみて。

おひつじ座（3月21日〜4月20日） Bélier [ベリエ]
おうし座（4月21日〜5月21日） Taureau [トロー]
ふたご座（5月22日〜6月21日） Gémeaux [ジェモー]
かに座（6月22日〜7月22日） Cancer [カンセール]
しし座（7月23日〜8月22日） Lion [リオン]
おとめ座（8月23日〜9月22日） Vierge [ヴィエルジュ]
てんびん座（9月23日〜10月22日） Balance [バランス]
さそり座（10月23日〜11月22日） Scorpion [スコルピオン]
いて座（11月23日〜12月21日） Sagittaire [サジテール]
やぎ座（12月22日〜1月20日） Capricorne [カプリコルヌ]
みずがめ座（1月21日〜2月19日） Verseau [ヴェルソー]
うお座（2月20日〜3月20日） Poissons [ポワソン]

血液型を聞く場合

Quel est ton groupe sanguin ?
[ケレ・トン・グループ・サンガン]
血液型は何？

C'est le type O.
[セ・ル・ティプ・オー]
O型だよ。

血液型の種類

フランスでは日本ほど血液型の話は出ないけれど、
相手が何型なのか気になったら聞いてみてはいかが？

A型　le type A [ル・ティプ・アー]
B型　le type B [ル・ティプ・ベー]
O型　le type O [ル・ティプ・オー]
AB型　le type AB [ル・ティップ・アー・ベー]

家族構成も気になるところ
「兄妹はいる？」

Tu as des frères ou sœurs ?
[テュ・ア・デ・フレール・ウ・スール]
兄弟か姉妹はいる？

Oui, j'ai une sœur.
[ウィ・ジェ・ユンヌ・スール]
ええ、姉妹が1人いるわ。

兄弟は "frère [フレール] (m.)"、姉妹は "sœur [スール] (f.)" ながら、これだけでは、兄なのか、弟なのかが分かりません。「大きい」"grand(e) [グラン(ド)]"、「小さい」"petit(e) [プティ(ット)]" をつけて表します。

Elle est plus grande que toi ?
[エレ・プリュ・グランド・ク・トワ]
彼女は君よりも年上？

Non, elle est plus petite que moi.
[ノン、エレ・プリュ・プティット・ク・モワ]
いいえ、年下よ。

Je suis l'aînée.
[ジュ・スュイ・レネ]
私は長女なの。

J'ai un grand frère et une grande sœur.
[ジェ・アン・グラン・フレール・エ・ユンヌ・グランド・スール]
僕は兄が1人と姉が1人いるよ。

Je suis le cadet.
[ジュ・スュイ・ル・カデ]
僕は末っ子だ。

Non, je n'ai pas de frère ni de sœur.
[ノン、ジュ・ネ・パ・ドゥ・フレール・ニ・ドゥ・スール]
いいえ、兄弟も姉妹もいないわ。

Je suis fille unique.
[ジュ・スュイ・フィーユ・ユニック]
一人っ子なの。

105

親のことも気になるところ
「実家はどこ？」

> **Tes parents habitent où ?**
> [テ・パラン・アビット・ウ]
> 両親はどこに住んでいるの？

> **Ils habitent à Hokkaido, tout au nord du Japon.**
> [イル・ザビット・ア・オッカイドー、トゥー・ト・ノール・デュ・ジャポン]
> 北海道、日本のもっとも北に住んでいるわ。

Que fait-il, ton père ?
[ク・フェ・ティル、トン・ペール]
お父さんは何をしているの？

Il travaille dans une fabrication de papier.
[イル・トラヴァイユ・ダン・ズュンヌ・ファブリカスィヨン・ドゥ・パピエ]
製紙メーカーで働いているわ。

Tes grands-parents vont bien ?
[テ・グラン・パラン・ヴォン・ビヤン]
祖父母はお元気？

Mon grand-père est décédé il y a trois ans.
[モン・グラン・ペール・エ・デセデ・イリヤ・トロワ・ザン]
祖父は3年前に亡くなったわ。

Ma grand-mère est en pleine forme !
[マ・グラン・メール・エ・タン・プレンヌ・フォルム]
祖母は元気いっぱいよ！

両親に関しては「どこにいるのか？」や「何をしているのか？」という質問が一般的でしょう。親の職業についてもP.020を参考に。また、両親は複数形のため、主語人称代名詞は"Ils [イル]"になり、動詞も三人称複数になります。家族に関しての質問は、相手の実家に行った時にも聞かれることです。

親のことも気になるところ「実家はどこ？」

家族、親戚の言い方いろいろ

両親　parents [パラン] (*m.*)

父　père [ペール] (*m.*)
　お父さん　papa [パパ]
母　mère [メール] (*f.*)
　お母さん　maman [ママン]

兄弟　frère [フレール] (*m.*)

兄　grand frère [グラン・フレール]、frère aînée [フレール・エネ]

弟　petit frère [プティ・フレール]、frère cadet [フレール・カデ]

姉妹　sœur [スール] (*f.*)

姉　grande sœur [グランド・スール]、sœur aînée [スール・エネ]

妹　petite sœur [プティット・スール]、sœur cadette [スール・カデット]

長男　fils aîné [フィス・エネ]
長女　fille aînée [フィーユ・エネ]
次男　fils cadet [フィス・カデ]
次女　fille cadette [フィーユ・カデット]

一人っ子　fils unique [フィス・ユニック]、fille unique [フィーユ・ユニック]

祖父母　grands-parents [グラン・パラン] (m.)

祖父　grand-père [グラン・ペール] (m.)
　おじいちゃん　pépé [ペペ]、papy [パピー]

祖母　grand-mère [グラン・メール] (f.)
　おばあちゃん　mémé [メメ]、mamie [マミー]

叔父、伯父　oncle [オンクル] (m.)

叔母、伯母　tante [タント] (f.)

甥　neveu [ヌヴー] (m.)

姪　nièce [ニエス] (f.)

従兄弟　cousin [クザン] (m.)
　実の従兄弟　cousin germain [クザン・ジェルマン]

従姉妹　cousine [クジーヌ] (f.)
　実の従姉妹　cousine germaine [クジーヌ・ジェルメーヌ]

父方の　paternel、paternelle [パテルネル]、
　du côté de mon père [デュ・コテ・ドゥ・モン・ペール]

母方の　maternel、maternelle [マテルネル]、
　du côté de ma mère [デュ・コテ・ドゥ・マ・メール]

初デートがうまくいったら
「また会いたいね」

楽しかったなら

J'ai passé un bon moment avec toi.
[ジェ・パセ・アン・ボン・モマン・アヴェク・トワ]
君といい時間が過ごせたよ。

Moi aussi, je suis contente de t'avoir revu.
[モワ・オスィ、ジュ・スュイ・コンタント・ドゥ・タヴォワール・ルヴュ]
私も、君に再び会えてよかったわ。

初デートの感触はいかがでしたか？ 楽しい時間が過ごせたと思ったら、素直に相手にその気持ちを伝えましょう。うまく言葉で言えなかったなんて時には、別れた後にメールで伝えたってOK。相手も楽しかったと思ったならば、そう伝えてくれるでしょう。

また会いたいなら

On peut se revoir la semaine prochaine aussi ?
[オン・プ・ス・ルヴォワール・ラ・スメーヌ・プロシェーヌ・オスィ]
来週もまた会えるかな？

Pourquoi pas ?
[プルクワ・パ]
もちろん。

次の約束までこぎ着けたら、初デートは大成功でしょう。"Pourquoi pas ?"は「なぜだめなのか？」というニュアンスで「もちろん」ということです。

> **別れのあいさつ**
>
> ## Je t'appellerai en début de semaine.
> [ジュ・タペルレ・アン・デビュ・ドゥ・スメーヌ]
> 週初めに電話するよ。
>
> ## D'accord, à la semaine prochaine !
> [ダコール、ア・ラ・スメーヌ・プロシェーヌ]
> 分かったわ、来週ね！

「いつに電話するよ」と言われたら、今回は電話がかかって来ることに間違いはないでしょう。具体的な日を約束したならば、"à＋約束の日"で「〜日ね（に）」と言うことができます。

初デートがうまくいったら「また会いたいね」

Au revoir !
[オーヴォワール]
さようなら！

Salut !
[サリュ]
バイ！

Bon après-midi !
[ボン・ナプレ・ミディ]
よい午後を！

Bonne soirée !
[ボンヌ・ソワレ]
よい晩を！

Bonne nuit !
[ボンヌ・ニュイ]
おやすみ！

出会った時のあいさつでもある"Salut !"は別れる時にも使える言葉です。別れる時間帯によって、「よい〜を！」と付け足すこともできます。

別れのあいさつもビズ

別れる時にもビズをしてあいさつを交わします。ジェスチャーだけではなく、言葉で言うこともできるのです。この言葉は電話を切る時や、メールの最後にも付け加えることが可能。また、相手だけでなく、他の人にも「ビズをあげておいて」と言った言い方ができます。フランスで"ビズ"とは、相手に親しい感情を表すのにもってこいの表現というわけ。慣れてくると、ビズをしないで別れるのが、物足りなく思えてきますよ。

Bisou !
[ビズー]
ビズを!

Gros bisou !
[グロ・ビズー]
大きなビズを!

Grosses bises !
[グロース・ビーズ]
たくさんのビズを!

Je t'embrasse !
[ジュ・タンブラス]
ビズをあげるわ!

Je t'embrasse très très fort !
[ジュ・タンブラス・トレ・トレ・フォール]
めいっぱいビズをあげるわ!

Tu fais un bisou de ma part à ta maman ?
[テュ・フェ・アン・ビズー・ドゥ・マ・パール・ア・タ・ママン]
君のママに私からのビズをあげてくれる?

PARTIE 5

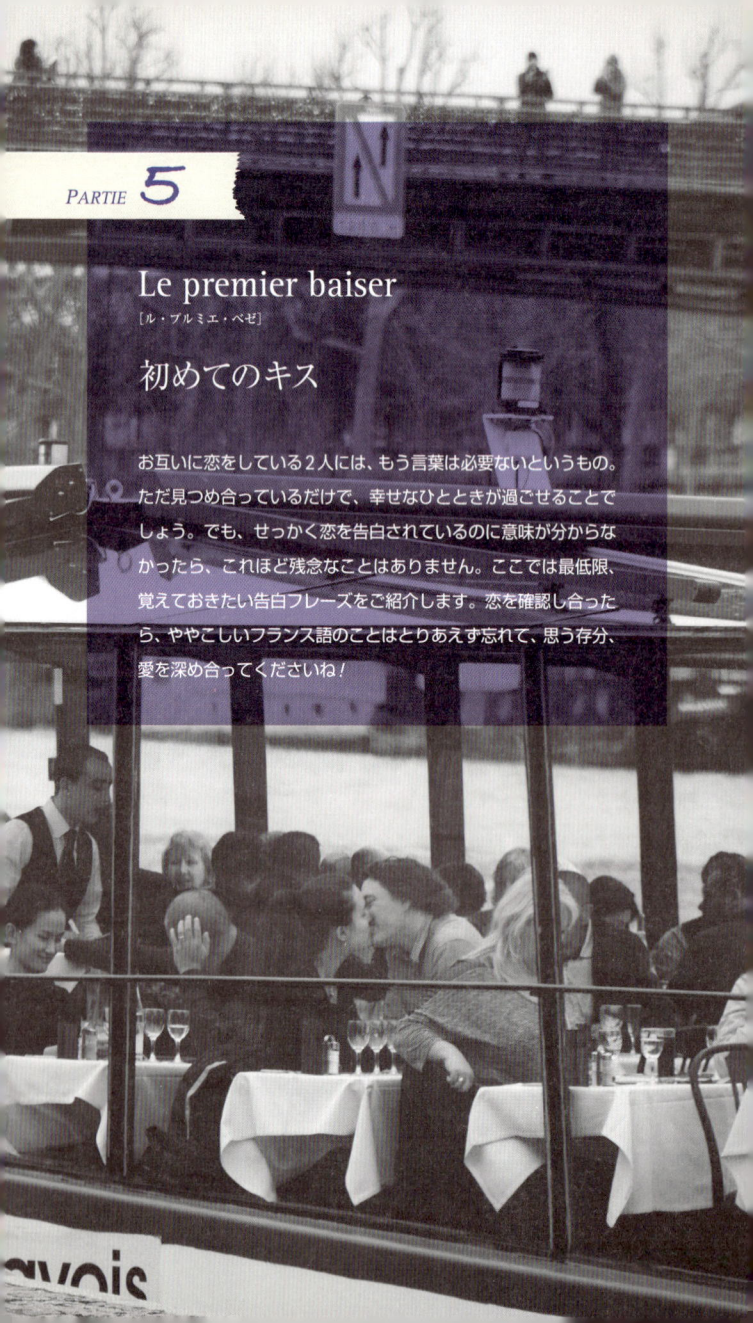

Le premier baiser
[ル・プルミエ・ベゼ]

初めてのキス

お互いに恋をしている2人には、もう言葉は必要ないというもの。ただ見つめ合っているだけで、幸せなひとときが過ごせることでしょう。でも、せっかく恋を告白されているのに意味が分からなかったら、これほど残念なことはありません。ここでは最低限、覚えておきたい告白フレーズをご紹介します。恋を確認し合ったら、ややこしいフランス語のことはとりあえず忘れて、思う存分、愛を深め合ってくださいね！

忘れられない日になるかも

「家に来る?」

> ## Tu viens chez moi ?
> [テュ・ヴィヤン・シェ・モワ]
> うちに来る?

日本みたいに頻繁には外食することのないフランスでは、相手が独り暮らしならば当然、家に誘われることになるでしょう。異性の友達同士で、お互いの家を行き来する人もいるけれど、家に誘うならばたいていの人は"もう一歩進んだ関係"を望んでいるはず! さあ、それに対してどう答えるかはあなた次第。場合によっては、あなたの家に相手を誘ってもいいのです!

食事に誘うなら

> ## Je te fais un bon dîner.
> [ジュ・トゥ・フェ・アン・ボン・ディネ]
> おいしい夕食を作ってあげるよ。
>
> ## Je te fais une bonne cuisine japonaise.
> [ジュ・トゥ・フェ・ユンヌ・ボンヌ・キュイズィーヌ・ジャポネーズ]
> おいしい日本食を作ってあげるわ。

独り暮らしをしているならばなおさら、男性でも自炊をしていることでしょう。もし、料理が得意でなければ、お惣菜屋さんで買ってきた物だって、テーブルクロスを敷き、ろうそくを灯して、ワインを開ければ、それは素敵なディナーに早変わり。そんなロマンティックな演出をしてくれるフランス人男性も、みんなではありませんが、中にはいます。相手の家であなたが料理を作ってもいいのです。

忘れられない日になるかも「家に来る?」

食後に誘うなら

Tu veux boire un café chez moi ?
[テュ・ヴ・ボワール・アン・カフェ・シェ・モワ]
うちでコーヒー飲みたくない?

Tu prends un verre chez moi ?
[テュ・プラン・アン・ヴェール・シェ・モワ]
うちで1杯飲まない?

Je te raccompagne.
[ジュ・トゥ・ラコンパーニュ]
送って行くよ。

Je veux bien boire un café chez toi.
[ジュ・ヴ・ビヤン・ボワール・アン・カフェ・シェ・トワ]
君の家でコーヒーが飲みたいな。

レストランの帰りにこんな風に家に誘ってくる場合もあります。または、家まで送り届けてくれた後に、相手から食後のコーヒーをねだられることも。この場合には注意が必要かも! それとも一度きりのアヴァンチュールと割り切って、お互いに楽しみましょうか?

その他の口実いろいろ

On va regarder un DVD chez moi ?
[オン・ヴァ・ルガルデ・アン・デーヴェーデー・シェ・モワ]
うちでDVDを見ない?

Tu viens écouter de la musique chez moi ?
[テュ・ヴィヤン・エクテ・ドゥ・ラ・ミュジック・シェ・モワ]
音楽を聴きにうちに来ない?

Viens voir l'aquarium chez moi !
[ヴィヤン・ヴォワール・ラクラリオム・シェ・モワ]
水槽を見にうちにおいでよ!

J'ai quelque chose à te montrer chez moi.
[ジュ・ケルク・ショーズ・ア・トゥ・モントレ・シェ・モワ]
うちで君に見せたいものがあるんだ。

Je veux bien visiter ton appartement.
[ジュ・ヴ・ビヤン・ヴィズィテ・トン・ナパルトマン]
君のアパルトマンに訪れてみたいな。

家に呼ぶ口実は何でもいいのです。相手の家を見ることで、その人の性格が分かることもあるってものだから、興味本位でも行ってみる価値はアリ?

忘れられない日になるかも「家に来る？」

> **ノリノリなら**
>
> ### C'est super !
> [セ・スュペール]
> いいね！
>
> ### Je vais acheter quelque chose à boire ?
> [ジュ・ヴェ・アシュテ・ケルク・ショーズ・ア・ボワール]
> 何か飲み物を買って行く？
>
> ### J'amène une bouteille de champagne.
> [ジャメーヌ・ユンヌ・ブテイユ・ドゥ・シャンパーニュ]
> シャンパンのボトルを持って行くね。
>
> ### Je prépare un dessert.
> [ジュ・プレパール・アン・デセール]
> デザートを用意するね。

他所の家に呼ばれた場合、それが友達でも何か手土産を持って行くのが基本です。相手が女性ならば花束、男性ならばワインが相場ながら、下戸で甘党な相手ならば、チョコレートというのもアリです。もしあなたがお菓子作りが好きならば、デザートを作って持って行くという手も。

> ノリ気じゃないなら

Je n'ai pas envie de venir chez toi maintenant.
[ジュ・ネ・パ・ザンヴィ・ドゥ・ヴニール・シェ・トワ・マントナン]
今、君の家に行きたくないな。

Une autre fois.
[ユン・ノートル・フォワ]
また今度ね。

Comme il fait beau, on va sortir !
[コム・イル・フェ・ボー、オン・ヴァ・ソルティル]
いい天気だから、出かけましょう！

"avoir envie de 〜 [アヴォワール・アンヴィ・ドゥ]"は「〜したい」です。「相手の家に行く」ですが、「相手のところに来る」ということで、動詞は"venir [ヴニール]"を使うことに注意！

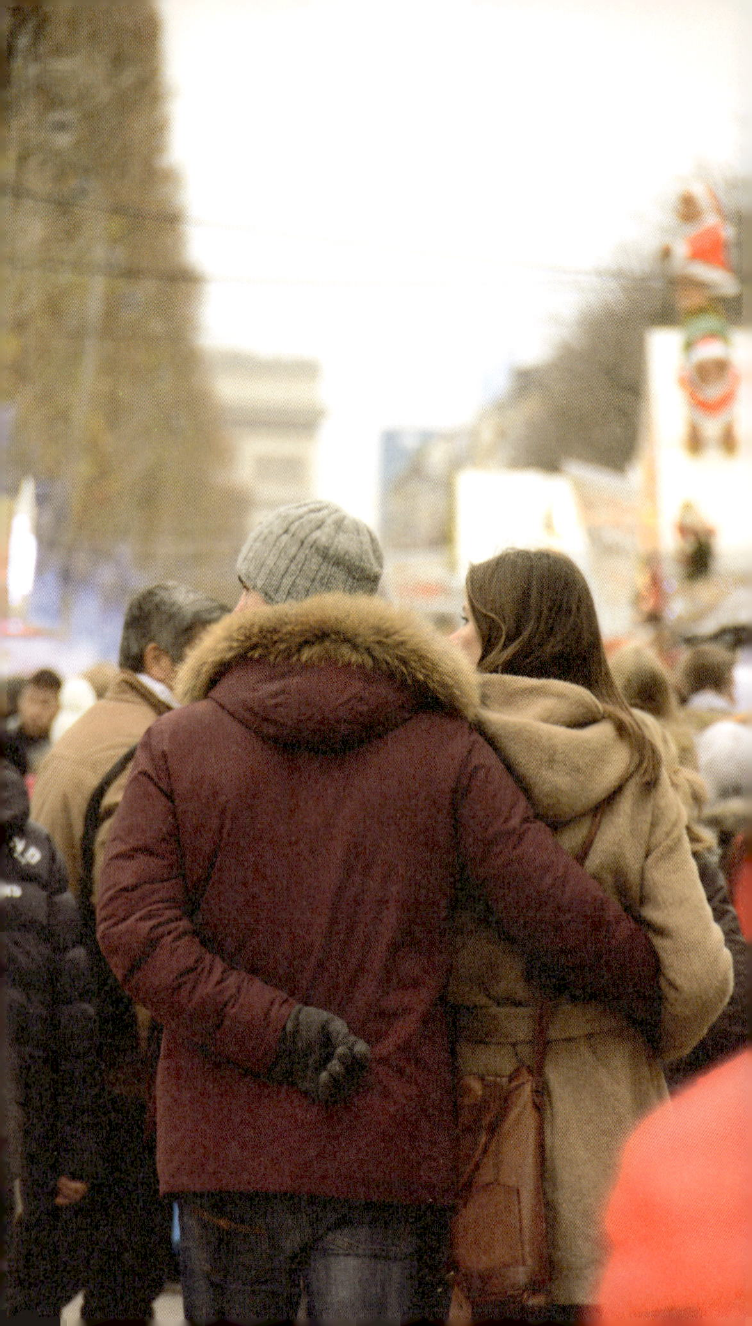

運命の時がやってきた！
「君に恋している」

Je suis tombé amoureux de toi.
[ジュ・スュイ・トンベ・アムルー・ドゥ・トワ]
君に恋してしまったんだ。

Je suis amoureux de toi.
[ジュ・スュイ・ザムルー・ドゥ・トワ]
君に恋しているんだ。

J'ai eu le coup de foudre pour toi dès la première rencontre.
[ジェ・ウ・ル・クー・ドゥ・フードル・プール・トワ・デ・ラ・プルミエール・ランコントル]
初めて会った時に君に一目ぼれしたんだ。

Que penses-tu de moi ?
[ク・パンス・テュ・ドゥ・モワ]
僕のことをどう思っているの？

さあ、いよいよ来ましたこの瞬間！ 愛の告白は、「恋に落ちてしまったんだ！」といった、こんな表現が一般的。「一目ぼれ」"le coup de foudre [ル・クー・ドゥ・フードル]"、"le coup de cœur [ル・クー・ドゥ・クール]"もよく言うセリフです。

運命の時がやってきた！「君に恋している」

> **受け入れるなら**
>
> ## Moi aussi !
> [モワ・オスィ]
> 私もよ！
>
> ## Je suis tombée amoureuse de toi.
> [ジュ・スュイ・トンベ・アムルーズ・ドゥ・トワ]
> 君に恋してしまったの。
>
> ## Moi aussi, je suis amoureuse de toi.
> [モワ・オスィ、ジュ・スュイ・ザムルーズ・ドゥ・トワ]
> 私も君に恋しているわ。
>
> ## Je suis maintenant la plus heureuse du monde !
> [ジュ・スュイ・マントナン・ラ・プリュ・ズルウーズ・デュ・モンド]
> 今、世界で一番幸せよ！

まさに相手と同じ気持ちならば、同じ言葉を繰り返して構いません。その場合、「恋している」という形容詞の男性形"amoureux [アムルー]"が、女性形"amoureuse [アムルーズ]"となることに注意。ま、幸せな2人には、フランス語のちょっとした間違いなんて、まったく気にならないでしょうけれど。そんな長いセリフを話していられないならば、"Moi aussi! [モワ・オスィ]"だけでも、十分伝わります！

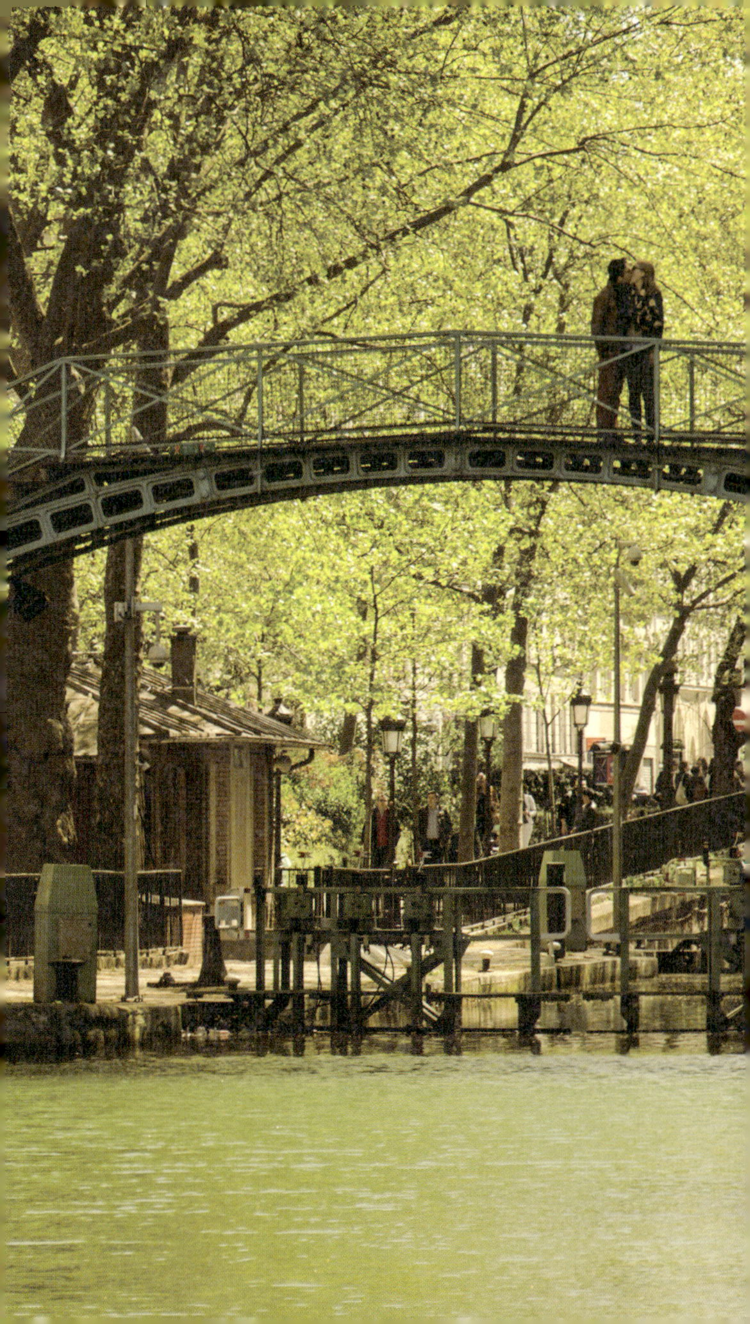

運命の時がやってきた！「君に恋している」

> **まだ気持ちがはっきりしないなら**
>
> ## Je ne sais pas encore si je suis amoureuse de toi.
> [ジュ・ヌ・セ・パ・ザンコール・スィ・ジュ・スュイ・ザムルーズ・ドゥ・トワ]
> 君に恋しているかまだ分からないわ。
>
> ## J'ai besoin de plus de temps.
> [ジェ・ブゾワン・ドゥ・プリュス・ドゥ・タン]
> もっと時間が必要だわ。
>
> ## J'ai besoin de te connaître plus.
> [ジェ・ブゾワン・ドゥ・トゥ・コネートル・プリュス]
> 君をもっと知る必要があるわ。
>
> ## Je dois réfléchir.
> [ジュ・ドワ・レフレシール]
> 考えなくてはいけないわ。
>
> ## Je peux te répondre plus tard ?
> [ジュ・プ・トゥ・レポンドル・プリュ・タール]
> 後日返事してもいい？

恋に落ちるタイミングは人によって異なるというもの。そんな微妙な気持ちを理解してくれる相手ならば、長く付き合えるかもしれません！ と言いつつ、時間がたっても恋に落ちなければ、仕方がありませんが。

断るなら

C'est gentil, mais...
[セ・ジャンティ、メ]
ありがたいけれど…。

Je ne suis pas amoureuse de toi.
[ジュ・ヌ・スュイ・パ・ザムルーズ・ドゥ・トワ]
君に恋していないわ。

Je te considère comme un ami.
[ジュ・トゥ・コンスィデール・コム・アン・ナミ]
君のことを友達だと思っている。

Je suis amoureuse de quelqu'un d'autre.
[ジュ・スュイ・ザムルーズ・ドゥ・ケルカン・ドートル]
他の人に恋しているの。

J'ai déjà un fiancé.
[ジェ・デジャ・アン・フィヤンセ]
すでに婚約者がいるの。

On reste ami !
[オン・レスト・アミ]
友達のままでいましょう！

相手と同じ気持ちがないならば、情けは無用、きちんとお断りしましょう。もしかしたら、友達として今後も会うことになるかもしれませんから。

告白の次はもちろん
「キスしていい?」

Je peux prendre ta main ?
[ジュ・プ・プラーンドル・タ・マン]
手を握ってもいい?

Je peux t'embrasser ?
[ジュ・プ・タンブラセ]
キスしてもいい?

Je peux te caresser ?
[ジュ・プ・トゥ・カレセ]
撫でてもいい?

Je peux te serrer ?
[ジュ・プ・トゥ・セレ]
抱きしめていい?

なんて、いちいち断らなくても、愛の告白をし合った2人ならば、自然とロマンチックな雰囲気へと流れていくでしょう。でも、中には礼儀正しいフランス人もいるというもの。または、告白なんかせずに、そんな雰囲気になってしまう方が多いかもしれません。まさに、愛には言葉なんて必要ありませんから!「ビズする」(→ P.090)で出てきた"embrasser [アンブラセ]"ですが、今回の場合は完全に「キスする」ということなので、お間違えなく。

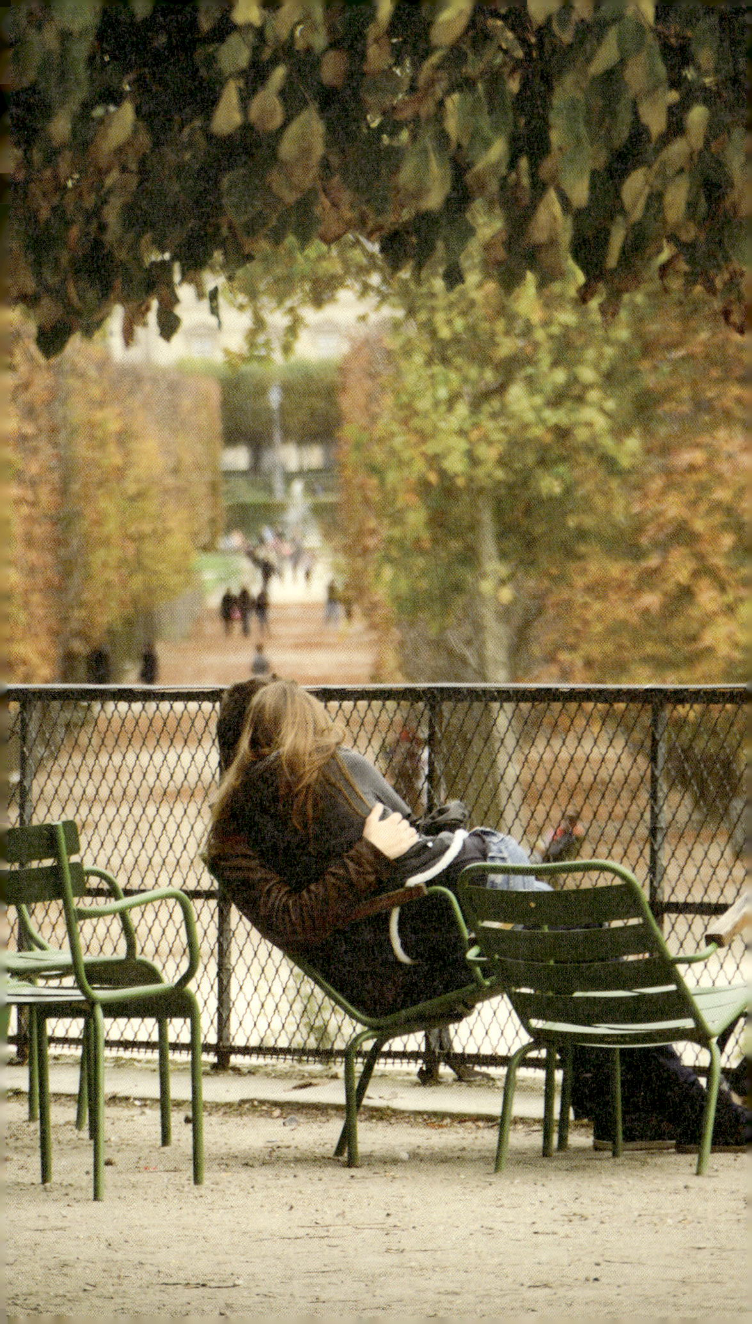

告白の次はもちろん「キスしていい?」

ノリノリなら

Embrasse-moi.
[アンブラス・モワ]
キスして。

Caresse-moi.
[カレス・モワ]
撫でて。

Serre-moi.
[セール・モワ]
抱きしめて。

相手が奥手で、なかなか手を出してくれないなんて時にも、自分からお願いしてみたっていいのです。フランスでは女性から男性に迫ることなんて普通ですから。恥ずかしがらずに思ったままに行動しちゃってください。と、たとえ興奮したとしても、以下の一言を忘れずに! 別名で"capote [カポット] (*f.*) (コンドーム)"とも言います。

Mets le préservatif.
[メ・ル・プレゼルヴァティフ]
コンドームをつけてね。

Si tu ne le mets pas, je ne fais pas plus !
[スィ・トゥ・ヌ・ル・メ・パ、ジュ・ヌ・フェ・パ・プリュス]
もしつけないなら、これ以上はしないわよ!

> ノリ気じゃないなら

Non, c'est trop tôt !
[ノン・セ・トロ・トー]
ダメ、早すぎるわ！

Tu peux attendre un peu jusqu'à ce que je sois prête ?
[テュ・プ・アターンドル・アン・プ・ジュスカ・ス・ク・ジュ・ソワ・プレット]
気持ちの準備ができるまで少し待ってくれる？

J'ai mes règles.
[ジェ・メ・レーグル]
生理中なの。

Je ne fais pas l'amour avant le mariage.
[ジュ・ヌ・フェ・パ・ラムール・アヴァン・ル・マリアージュ]
結婚前にセックスはしないわ。

「セックスをする」は "faire l'amour [フェール・ラムール]" で、「愛をする」という意味合いとはロマンチックな言い方でしょ。相手のいろんな事情も分かってくれる人ならば、2人の将来に希望があるというもの。どうぞ、お互いの気持ちを酌みあって、仲のいいカップルになってくださいね。

PARTIE **6**

La première discussion
[ラ・プルミエール・ディスキュスィヨン]

初めてのケンカ

お互いのことをより深く知り合う上で、欠かせないのが口論ではないでしょうか？ 特に育った環境や文化も違う異国籍カップルは、いろんな場面で考え方や意見の違いが出てきます。そんな時に冷静に話し合えれば、それに越したことはないのですが、そんな状況ばかりとは限らず。でも、言いたいことをフランス語で言ってケンカができるようになれば、たいしたもの！ もちろん、最後は仲直りをすることもお忘れなく。

口論の始まりといえば

「怒っている？」

Qu'est-ce qu'il y a ?
[ケ・ス・キリヤ]
どうしたの？

Il y a un problème ?
[イリヤ・アン・プロブレム]
問題があるの？

Tu es en colère ?
[テュ・エ・アン・コレール]
怒っている？

Tu es fâchée contre moi ?
[テュ・エ・ファシェ・コントル・モワ]
僕に対して怒っているの？

Pourquoi tu fais la gueule ?
[プールクワ・テュ・フェ・ラ・ギョル]
何でむくれているの？

相手が言ったことや、やったことが気に入らなかったりしてむくれるのは、たぶん男性よりも女性の方が多いのでは。思っていることがあれば、口に出さなければ相手には伝わりません。特にフランスでは、話してなんぼの国ですから、言わなくても分かるだろうなんて思っていたら大間違い！

怒っている理由は

「だって!」

Parce que tu es méchant !
[パルス・ク・テュ・エ・メシャン]
だって意地悪なんだもん!

気に入らない原因はいろいろあるというもの。形容詞には男性形、女性形がある場合があるので、男性に言う場合や女性に言う場合で気をつけましょう。副詞 "trop [トロ]" をつけて「あまりにも〜」と強調して言うこともできます。

意地悪　méchant [メシャン]、méchante [メシャント]
エゴイスト　égoïste [エゴイスト]
厄介者　emmerdeur [アンメルドゥー]、emmerdeuse [アンメルドゥーズ]
うそつき　menteur [マントゥー]、menteuse [マントゥーズ]
わがまま　capricieux [カプリスィウー]、capricieuse [カプリスィウーズ]
嫉妬深い　jaloux [ジャルー]、jalouse [ジャルーズ]
面倒　chiant [シアン]、chiante [シアント]
うっとうしい　lourd [ルール]、lourde [ルールド]
気難しい　compliqué [コンプリケ]、compliquée [コンプリケ]
神経質　nerveux [ネルヴー]、nerveuse [ネルヴーズ]
頑固　têtu [テテュ]、têtue [テテュ]
偏執的　maniaque [マニアック]
ケチ　radin [ラダン]、radine [ラディーヌ]
卑怯　lâche [ラーシュ]
マッチョ　macho [マッチョ] (m.)
無礼　malpoli [マルポリ]、malpolie [マルポリ]
不誠実　malhonnête [マロネット]
怠け者　feignant [フェニャン]、feignante [フェニャント]
頭が鈍い　stupide [ステュピド]

132

Pourquoi tu as dit ça ?
[プールクワ・テュ・ア・ディ・サ]
どうしてそう言ったの？

On ne fait pas comme ça.
[オン・ヌ・フェ・パ・コム・サ]
普通はそんな風にしないでしょ。

C'est impossible !
[セ・タンポスィーブル]
とんでもないわ！

Je ne comprends pas !
[ジュ・ヌ・コンプラン・パ]
理解できないわ！

Je déteste ça !
[ジュ・デテスト・サ]
それが大嫌いなの！

不定代名詞"on [オン]"は、話し言葉で「私たち」という意味でよく使いますが、本来の意味である「世間一般的な私たち」として、「普通はしない」といったニュアンスでも使えます。特に異国籍のカップルは、お互いに普通だと思っていることが、相手にとっては普通じゃなかったなんてことがよくあること。だからこそ、気に入らないことがあればどんどん言うべきなのです！

売り言葉に買い言葉
「うんざりだ!」

Je fais ce que je veux !
[ジュ・フェ・ス・ク・ジュ・ヴ]
自分の好きなようにするさ!

Tu es trop compliquée !
[テュ・エ・トロ・コンプリケ]
君はややこしすぎる!

Arrête tes conneries !
[アレット・テ・コヌリー]
いい加減にしろよ!

Arrête de gueuler !
[アレット・ドゥ・ギョレ]
わめくのはやめろよ!

Je m'en fous complètement !
[ジュ・モン・フー・コンプレットモン]
完全にどうでもいい!

Ça suffit !
[サ・スュフィ]
もうたくさんだ!

ケンカがエスカレートしていくと、暴言を発してしまうことも。お互いに言い合ってしまいがちな、ケンカの決まり文句です。

Tu m'énerves !
[テュ・メネルヴ]
イライラする！

Tu m'emmerdes !
[テュ・マンメルド]
うんざりだ！

Tu me fais chier !
[テュ・ム・フェ・シエー]
うざいんだよ！

ケンカだけでなく、つい言ってしまいがちなこれらの言葉。「イライラさせる」"énerver [エネルヴェ]"、「うんざりさせる」"emmerder [アンメルデ]"は他動詞と呼ばれるもので、"faire chier [フェール・シエー]"は使役の形で「うんざりさせる」という、すべて受け身の意味合いです。したがって、それぞれ「君が私(僕)を〜させる」という形で使われることを覚えておきましょう。逆に誰かがではなく、「それが私をイライラさせる」や「私が私をイライラさせる(代名動詞の形)」といった下記の言い方も。

Ça m'énerve !
[サ・メネルヴ]
イライラする！

Je m'énerve !
[ジュ・メネルヴ]
イライラする！

最後の一言を投げかける？
「別れましょ」

On ne peut pas discuter avec toi !
[オン・ヌ・プ・パ・ディスキュテ・アヴェク・トワ]
君とは話もできないわ！

On est trop différents !
[オネ・トロ・ディフェラン]
私たちは違いすぎるわ！

On ne s'entend pas bien !
[オン・ヌ・サンタン・パ・ビヤン]
私たちは合わないのよ！

Tu penses qu'à toi !
[テュ・パンス・カ・トワ]
自分のことしか考えていないのよ！

Tu ne m'écoutes plus !
[テュ・ヌ・メクート・プリュ]
もう私の言うことは聞いてくれないのね！

Tu te fous de moi !
[テュ・トゥ・フー・ドゥ・モワ]
私のことなんかどうでもいいのよ！

Je ne te supporte plus !
[ジュ・ヌ・トゥ・スュポルト・プリュ]
もう我慢ができない！

J'en ai marre de toi !
[ジャネ・マール・ドゥ・トワ]
君にはうんざり！

On arrête tout !
[オナレット・トゥー]
すべてやめにしましょう！

C'est fini !
[セ・フィニ]
終わりよ！

On va se séparer !
[オン・ヴァ・ス・セパレ]
別れましょ！

当たり前だけれど、ちょっと口論したところで、別れ話になるのは極端な話。議論好きなフランス人は相手と意見が合わないなんて日常茶飯事で、少しぐらいの言い合いは何とも思っていません。さらに、何といってもお互いの違いを分かり合うことが、カップルには必要不可欠というもの。とは言え、これだけは納得できない、理解し合えないと困る、と言ったことが問題ならば、別れを決意する必要があるかもしれませんね。

言いすぎたと思ったら
「ごめんね」

Je m'excuse d'avoir été méchant avec toi.
[ジュ・メクスキューズ・ダヴォワール・エテ・メシャン・アヴェク・トワ]
意地悪してごめん。

Je n'aurais pas dû te dire des choses pareilles.
[ジュ・ノレ・パ・デュ・トゥ・ディール・デ・ショーズ・パレイユ]
あんなことを君に言うべきじゃなかった。

Je regrette tout ce que j'ai dit.
[ジュ・ルグレット・トゥー・ス・ク・ジェ・ディ]
言ったことすべてを後悔しているよ。

C'est ma faute.
[セ・マ・フォート]
僕のせいだ。

Pardonne-moi.
[パルドヌ・モワ]
許してくれ。

Je te demande pardon.
[ジュ・トゥ・ドゥマンド・パルドン]
ごめんね。

悪かったと思ったならば、潔く「ごめん」の一言を。素直に謝れば、相手も分かってくれるはずです。

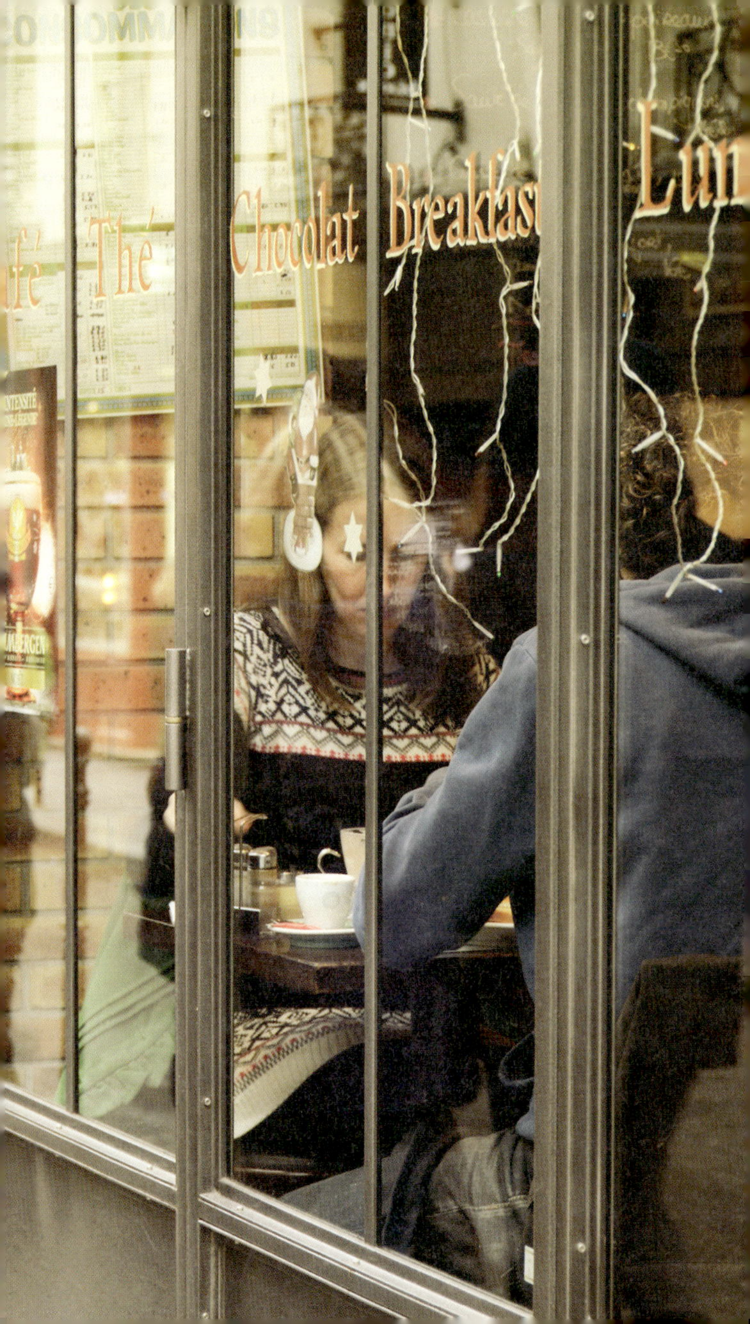
afé Thé Chocolat Breakfast Lun

相手の言い分も分かったら
「許してあげる」

Je te pardonne.
[ジュ・トゥ・パルドヌ]
許してあげる。

Moi aussi, j'ai été méchante avec toi.
[モワ・オスィ、ジェ・エテ・メシャント・アヴェク・トワ]
私も、君に意地悪だったわ。

C'est moi qui m'excuse.
[セ・モワ・キ・メクスキューズ]
謝るのは私の方だわ。

J'étais trop énervée.
[ジェテ・トロ・ペネルヴェ]
イライラしすぎたわ。

J'étais un peu fatiquée.
[ジェテ・アン・プ・ファティゲ]
ちょっと疲れていたの。

On va se réconcilier.
[オン・ヴァ・ス・レコンスィリエ]
仲直りしましょ。

「ケンカするほど仲がいい」というのは万国共通でしょう。たくさん口論をして、お互いのことをより分かり合い、さらに愛を深めてくださいね。

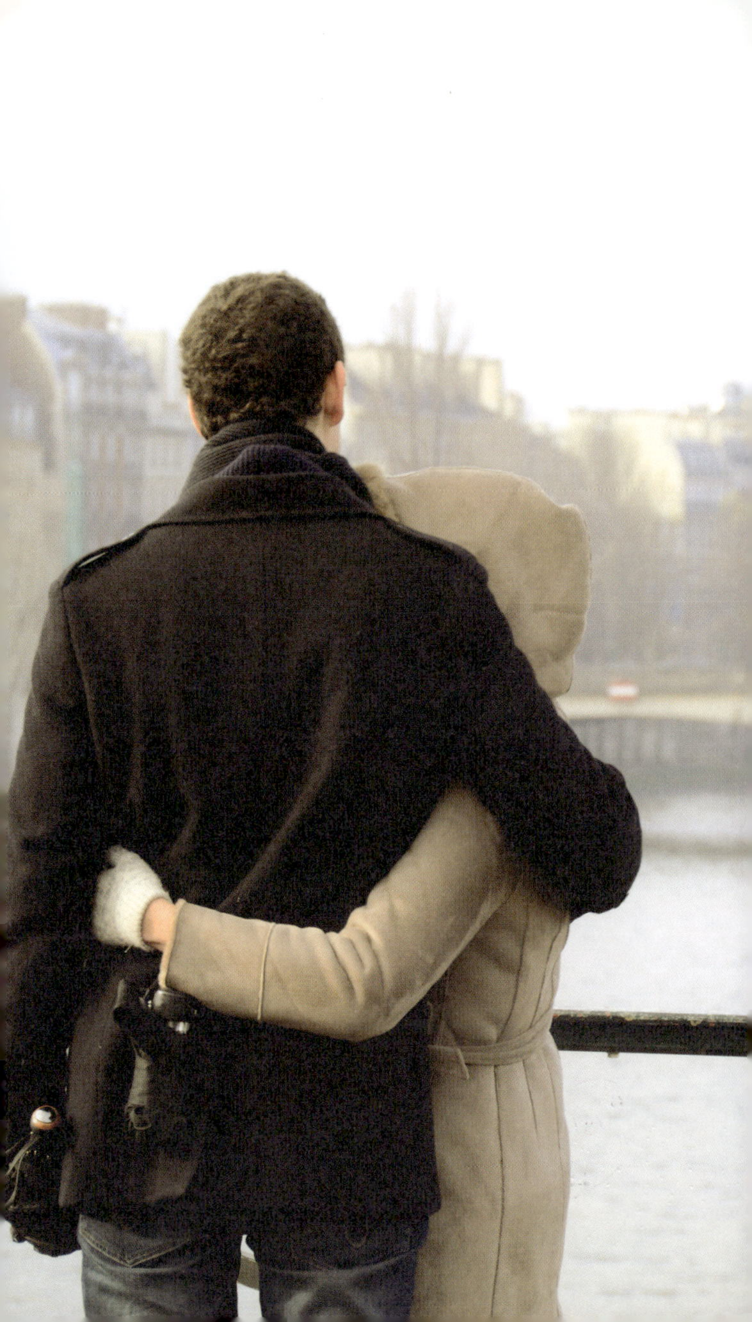

PARTIE **7**

La vie de couple
[ラ・ヴィ・ドゥ・クープル]

カップルの暮らし

恋人同士になったとしても、すぐには結婚の話にはならないのがフランス。一緒に暮らし始めたとしても、子供ができるなどのきっかけがあってから、籍を入れるカップルも多いです。したがって、カップルになったとしても自由だということ。お互いに相手を魅了する努力を怠っては、恋は長続きしないでしょう。でもその分、いつまでも恋人気分でいられるのもフランスというところ。どうぞ素敵なカップルになってくださいね！

どんな愛称で呼ぶ？
「モナムール」

Mon amour
［モナムール］
愛する人

Mon chéri
［モン・シェリ］
愛しの人（男性に）

Ma chérie
［マ・シェリー］
愛しの人（女性に）

Mon cœur
［モン・クール］
大切な人

フランス人は恋人を愛称で呼ぶのがお好き。両親の前だろうが、友達の前だろうが、それぞれの呼び方で堂々と呼び合うのが普通です。各単語の前に所有形容詞"mon［モン］、ma［マ］"をつけることで、「私の〜」と言う意味があります。上記はもっとも一般的な言い方で、それぞれ訳がついていますが、「あなた」や「おまえ」といった呼びかけとして使われるだけで、単語によっての意味の差は特にありません。

どんな愛称で呼ぶ？「モナムール」

Mon lapin
[モン・ラパン]
うさぎちゃん

Mon poussin
[モン・プサン]
ひよこちゃん

Ma louloutte
[マ・ルルット]
スピッツちゃん

Ma petite caille
[マ・プティット・カイユ]
かわいいウズラちゃん

Ma biche
[マ・ビシュ]
雌鹿ちゃん

Ma puce
[マ・ピュース]
ノミちゃん

変わり種系では、動物の名前で呼び合うこともあります。さらに単語の前に形容詞"petit [プティ]、petite [プティット]"をつけて、「かわいい〜」とすることも。単語によっては男性系、女性系ありますが、名詞の性別は、男性に言うか、女性に言うかで変わりはありません。

Mon petit Fabien
[モン・プティ・ファビヤン]
愛しのファビヤン

Ma petite Satomi
[マ・プティット・サトミ]
かわいいサトミ

恋人の名前に、所有形容詞や形容詞"petit [プティ]、petite [プティット] "をつけて呼ぶ場合もあります。これらはメールなどの宛名として書くことも。愛する人を自分ならではの呼び方で、愛を込めて呼んでみてくださいね！

親に会わせるのは当たり前
「実家に行こう」

On va aller chez mes parents ?
[オン・ヴァ・アレ・シェ・メ・パラン]
実家に行こうか?

On va manger chez mes parents ce soir ?
[オン・ヴァ・マンジェ・シェ・メ・パラン・ス・ソワール]
今晩、実家に夕食を食べに行こうか?

On est invités à la fête d'anniversaire de mon père.
[オネ・タンビテ・ア・ラ・フェット・ダニヴェルセール・ドゥ・モン・ペール]
父親の誕生日祝いに招待されたよ。

親が遠くに住んでいるのではない限り、カップルになったら、すぐに両親に紹介されることになるでしょう。「もしかして私と結婚を考えているのかも」なんて、早とちりはしないように。あくまでも、自分の恋人として紹介されるだけです。誕生日、クリスマスなどのイベントがある時はもちろん、普通の日だって実家に連れて行くのは当たり前。親だって心得たもので、結婚を前提としていなくとも、息子や娘が連れて来た恋人を、気軽に家に泊まらせることだってあります。

Je m'habille comment ?
[ジュ・マビーユ・コマン]
何を着ようかしら？

On va amener quelque chose chez eux ?
[オン・ヴァ・アムネ・ケルク・ショーズ・シェ・ズゥー]
彼らの家に何か持って行く？

Qu'est-ce que j'achète comme cadeau ?
[ケ・ス・ク・ジャシェット・コム・カドー]
プレゼントは何を買おうかしら？

Qui va venir à part nous ?
[キ・ヴァ・ヴニール・ア・パール・ヌ]
私たち以外に誰が来るの？

Mon frère va venir avec sa copine.
[モン・フレール・ヴァ・ヴニール・アヴェック・サ・コピーヌ]
僕の兄弟が彼女と一緒に来るよ。

何かのお祝いがある時は、家族中が集まるのがフランス流。さらに兄妹たちも恋人や、もちろん結婚していれば旦那さんや奥さん、子供たちを連れてくるのが習わしです。その集まる頻度は、その家族によってさまざまながら、やはりクリスマスが日本のお正月のように、みんなで集まる大切なイベントです。

恋人として紹介された！
「はじめまして」

> **Je vous présente ma copine, Satomi.**
> [ジュ・ヴ・プレサント・マ・コピーヌ、サトミ]
> 恋人のサトミを紹介するよ。
>
> **C'est mon papa et ma maman.**
> [セ・モン・パパ・エ・マ・ママン]
> お父さんとお母さんだよ。

自分の息子や娘が初めて恋人を連れて来た、なんて場合以外は、今までに何人かの恋人を紹介されているのがフランスの親たち。よって、親に紹介されるからといって必要以上に緊張することはありません。この紹介の仕方は、相手が親戚だろうと、友達だろうと同じ。たいてい、みんな、"新しい恋人"だとすでに知っていたりするから、「こちらがサトミです。」"C'est Satomi. [セ・サトミ]"と名前だけ、紹介される場合もあります。同時に相手の名前を教えてもらいます。

Enchantée.
[アンシャンテ]
はじめまして。

Je suis ravie de vous connaître.
[ジュ・スュイ・ラヴィ・ドゥ・ヴ・コネトル]
お知り合いになれてうれしいです。

Je suis très heureuse de vous voir.
[ジュ・スュイ・トレ・ズルーズ・ドゥ・ヴ・ヴォワール]
お会いできてとてもうれしいです。

Je suis contente de vous rencontrer.
[ジュ・スュイ・コンタント・ドゥ・ヴ・ランコントレ]
お会いできてうれしいです。

初対面のあいさつは、上記が決まり文句。これらの言葉は相手から言われる場合もあります。したがって、話す人が男性か女性かによって、形容詞は "ravi [ラヴィ]、ravie [ラヴィ]"、"heureux [ウルー]、heureuse [ウルーズ]"、"content [コンタン]、contente [コンタント]" と変化します。上記の文を略して "Je suis ravie. [ジュ・スュイ・ラヴィ]" や "très heureuse [トレ・ズルーズ]" と言うこともできます。単語が異なるけれど、すべて「うれしい」という意味です。

恋人同士のおつきあい
「友達を家に呼ぼう」

On va inviter Catherine au dîner ?
[オン・ヴァ・アンヴィテ・カトリーヌ・オ・ディネ]
カトリーヌを夕食に招待する?

On va inviter des amis à ton anniversaire ?
[オン・ヴァ・アンヴィテ・デ・ザミ・ア・トン・ナニヴェルセール]
君の誕生日に友達を呼ぼうか?

Je prends un apéro avec un copain.
[ジュ・プラン・アン・ナペロ・アヴェカン・コパン]
友達と食前酒を飲むんだけど。

Tu viens avec moi ?
[テュ・ヴィヤン・アヴェク・モワ]
一緒に来る?

On va passer les vacances chez un copain ?
[オン・ヴァ・パセ・レ・ヴァカンス・シェ・ザン・コパン]
友達の家でヴァカンスを過ごそうか?

フランスはカップル社会。カップルになれば、どこへ行くにもほぼ2人で行動を共にすることになるでしょう。パーティーに招待されれば、結婚していなくても恋人同伴が当たり前。友達同士でもお互いの恋人を連れてくるから、ダブルデートも当たり前。たとえ、恋人のいない友達に会うとしても、こちらがカップルならば2人で出向きます。

C'est qui ?
[セ・キ]
それは誰？

C'est un copain d'enfance.
[セ・タン・コパン・ダンファンス]
幼なじみだよ。

Il habite où ?
[イラビット・ウ]
どこに住んでいるの？

Il habite en Bourgogne.
[イラビット・アン・ブルゴーニュ]
ブルゴーニュ地方に住んでいるよ。

Que fait-il dans la vie ?
[ク・フェ・ティル・ダン・ラ・ヴィ]
何をしているの？

Il fait du vin.
[イル・フェ・デュ・ヴァン]
ワインを作っているよ。

「どこに住んでいるのか」、「仕事は何をしているのか」など、今まで出てきた質問をその友達にもできますね。もちろん、主語人称代名詞は「彼」なら"il [ィル]"、「彼女」ならば"elle [エル]"に変えなくてはいけません。動詞の活用も三人称になりますが、発音は二人称"tu"と変わらないものが多いです。

恋人同士のおつきあい「友達を家に呼ぼう」

友達いろいろ

私の彼　mon ami [モナミ]　mon copain [モン・コパン]
君の彼　ton ami [トナミ]　ton copain [トン・コパン]
僕の彼女　mon amie [モナミ]　ma copine [マ・コピーヌ]
君の彼女　ton amie [トナミ]　ta copine [タ・コピーヌ]

「友達」と言う単語は2種類あり、どちらでも同じように使うことができます。話し言葉では、"copain(copine)"の方をよく使い、"pote [ポット] (m.)"と言う言い方も。ただし、所有形容詞をつけると、恋人を指す表現になることに要注意。

私(僕)の男友達　un ami(copain) à moi [アン・ナミ(コパン)・ア・モワ]
君の男友達　un ami(copain) à toi [アン・ナミ(コパン)・ア・トワ]
彼の男友達　un ami(copain) à lui [アン・ナミ(コパン)・ア・リュイ]
彼女の男友達　un ami(copain) à elle [アン・ナミ(コパン)・ア・エル]

私(僕)の女友達　une amie(copine) à moi [ユン・ナミ(コピーヌ)・ア・モワ]
君の女友達　une amie(copine) à toi [ユン・ナミ(コピーヌ)・ア・トワ]
彼の女友達　une amie(copine) à lui [ユン・ナミ(コピーヌ)・ア・リュイ]
彼女の女友達　une amie(copine) à elle [ユン・ナミ(コピーヌ)・ア・エル]

何人かいる中の"ひとりの友達"は不定冠詞をつけて表現します。"à＋人称代名詞の強勢形"をつけると、誰の友達かを明確にすることができます。ただし、2回目以降に同じ友達の話題をするときは、相手にもどの友達だか分かっているため、「私の友達」"mon ami(e) [モナミ]"、「君の友達」"ton ami(e) [トナミ]"、「彼(彼女)の友達」"son ami(e) [ソン・ナミ]"と言う言い方もできるのです。

男友達の彼女　son amie(sa copine) à lui [ソン・ナミ(サ・コピーヌ)・ア・リュイ]
女友達の彼　son ami(copain) à elle [ソン・ナミ(コパン)・ア・エル]

所有形容詞"son [ソン]"、"sa [サ]"をつけると、第三者の恋人を指すことができます。

いくつかの男友達(女友達も含む)
 des amis [デザミ]　des copains [デ・コパン]
いくつかの女友達
 des amies [デザミ]　des copines [デ・コピーヌ]

不定冠詞の複数形 "des [デ]" をつけると、「いくつかの友達」という言い方ができます。誰の友達かを明確にするならば、"à＋人称代名詞の強勢形" を後ろにつけます。

私(僕)のすべての男友達(女友達も含む)
 mes amis [メザミ]　mes copains [メ・コパン]
君のすべての男友達(女友達も含む)
 tes amis [テザミ]　tes copains [テ・コパン]
彼(彼女)のすべての男友達(女友達も含む)
 ses amis [セザミ]　ses copains [セ・コパン]

私(僕)のすべての女友達
 mes amies [メザミ]　mes copines [メ・コピーヌ]
君のすべての女友達
 tes amies [テザミ]　tes copines [テ・コピーヌ]
彼(彼女)のすべての女友達
 ses amies [セザミ]　ses copines [セ・コピーヌ]

所有形容詞の複数形をつけると、「すべての友達」と言う表現になります。

僕の一番の親友　mon meilleur ami(copain) [モン・メイユール・アミ(コパン)]
私の一番の親友　ma meilleure amie(copine) [マ・メイユール・アミ(コピーヌ)]

所有形容詞と最上級をつければ、「親友」となります。

「どんな友達」のことを話したいかで、所有形容詞や冠詞が異なりますので、注意して話してみてくださいね。

みんなが気になるところ
「どうして好きなの？」

Pourquoi tu l'aimes ?
[プールクワ・テュ・レム]
どうして彼女(彼)のことが好きなの？

Parce qu'elle est belle !
[パルス・ケレ・ベル]
だって彼女は美しいんだもの！

彼のことを話すならば、"Parce qu'il est 〜 [パルス・キレ]"となります。自分の彼女や彼のことをとことん褒めるのがフランス人。何といっても自分が愛する人ですから、周りの人みんなに彼女、彼のよさを分かってもらいたいもの。どんどん褒めて、相手のいいところを引き出してあげましょう。

ハンサム　beau [ボー]
美人　belle [ベル]
やさしい　gentil [ジャンティ]、gentille [ジャンティーユ]
頭がいい　intelligent [アンテリジャン]、intelligente [アンテリジャント]
面白い　marrant [マラン]、marrante [マラント]
ひょうきん　rigolo [リゴロ]、rigolote [リゴロット]
礼儀正しい　poli [ポリ]、polie [ポリ]
よくしつけられた　bien éduqué(e) [ビヤン・ネデュケ]
正直　honnête [オネット]
寛大　généreux [ジェネルー]、généreuse [ジェネルーズ]
冷静　calme [カルム]
真面目　sérieux [セリュー]、sérieuse [セリューズ]
働き者　travailleur [トラヴァイユール]、travailleuse [トラヴァイユーズ]

Elle est la femme de ma vie.
[エレ・ラ・ファム・ドゥ・マ・ヴィ]
彼女は僕の運命の人だ。

Il est l'homme de ma vie.
[イレ・ロム・ドゥ・マ・ヴィ]
彼は私の運命の人よ。

On est bien ensemble.
[オネ・ビヤン・アンサンブル]
僕たちは相性がいいんだ。

On s'entend bien.
[オン・サンタン・ビヤン]
私たちは合うのよ。

Je suis très heureux avec elle.
[ジュ・スュイ・トレ・ズルール・アヴェケル]
彼女といるととても幸せだ。

Je me sens bien avec lui.
[ジュ・ム・ソン・ビヤン・アヴェク・リュイ]
彼と一緒にいて心地いいの。

細かいことをあれこれ言わなくても、上記の文を言えば、2人の関係は誰もが納得です。ま、愛には理由なんてありませんから。

恋を長引かせるために
「愛をささやく」

Je suis heureux avec toi.
[ジュ・スュイ・ズルー・アヴェク・トワ]
君と一緒で幸せだよ。

Moi aussi, je suis heureuse avec toi.
[モワ・オスィ、ジュ・スュイ・ズルーズ・アヴェク・トワ]
私も、君と一緒で幸せよ。

Je ne te lâcherai jamais !
[ジュ・ヌ・トゥ・ラッシュレ・ジャメ]
決して離さないよ！

Ne me lâche pas !
[ヌ・ム・ラッシュ・パ]
離さないでね！

On est toujours ensemble.
[オネ・トゥジュール・アンサンブル]
いつも一緒だよ。

Je suis bien avec toi.
[ジュ・スュイ・ビヤン・アヴェク・トワ]
君といると心地がいいわ。

Je pense toujours à toi.
[ジュ・パンス・トゥージュール・ア・トワ]
いつも君のことを思っているよ。

Je m'ennuie de toi.
[ジュ・マンニュイ・ドゥ・トワ]
君がいなくて寂しいわ。

Tu me manques.
[テュ・ム・マンク]
君が恋しいよ。

Je t'aime.
[ジュ・テーム]
愛しているよ。

Tu m'aimes ?
[テュ・メム]
愛している?

Oui, je t'aime.
[ウィ、ジュ・テーム]
ええ、愛しているわ。

思ったことを口に出さずにいられないのがフランス人。いくらカップルになったからと言っても、「君を愛しているよ～」と言えば、日常的に愛をささやいてくれることでしょう。感情を表にあまり出さない日本人が恋人ならば、逆にフランス人にとっては何も言われないと不安に思うこともあるようです。恋を確認するためにも、恋を持続させるためにも、時々はお互いに愛をささやき合うことが大切なのでしょうね。

Je t'aimerai toute ma vie.
［ジュ・テムレ・トゥート・マ・ヴィ］
一生愛し続けるよ。

著 者
酒巻 洋子（さかまき ようこ）
フリー編集ライター
女子美術大学デザイン科を卒業後、渡仏。パリの料理学校、ル・コルドン・ブルーに留学。帰国後、編集プロダクション、出版社勤務を経てフリーに。2003年再び、渡仏し、現在パリとノルマンディーを行き来。ブログ「いつものパリ」(http://paparis.exblog.jp/) にてパリのお散歩写真を公開中。著書に「パン屋さんのフランス語」「お散歩しながらフランス語」「カフェでフランス語」「お花屋さんでフランス語」「お菓子屋さんでフランス語」「旅しながらフランス語」「ここからはじめるフランス語」「パリジェンヌのフランス語」(以上すべて三修社)、「プチ・パリにゃん」(産業編集センター)、「フランス 暮らしの中のかわいい民芸」(パイインターナショナル) など多数。

Remerciements à la famille Lepetit pour leur aide à la réalisation de ce livre.

恋するフランス語

2015年8月20日　第1刷発行

著 者　酒巻洋子
発行者　前田俊秀
発行所　株式会社三修社
　　　　〒150-0001 東京都渋谷区神宮前 2-2-22
　　　　TEL 03-3405-4511　FAX 03-3405-4522
　　　　振替 00190-9-72758
　　　　http://www.sanshusha.co.jp/
　　　　編集担当　菊池 暁

印刷・製本　凸版印刷株式会社

装丁・本文デザイン　秋田康弘

© Yoko Sakamaki 2015 Printed in Japan
ISBN978-4-384-05804-8 C0085

[R] <日本複製権センター委託出版物>
本書を無断で複写複製(コピー)することは、著作権法上の例外を除き、禁じられています。
本書をコピーされる場合は、事前に日本複製権センター(JRRC)の許諾を受けてください。
JRRC <http://www.jrrc.or.jp　e-mail: info@jrrc.or.jp　tel: 03-3401-2382>